明治前期の大谷派教団

中西直樹
NAKANISHI Naoki
——編著

●龍谷叢書44
法藏館

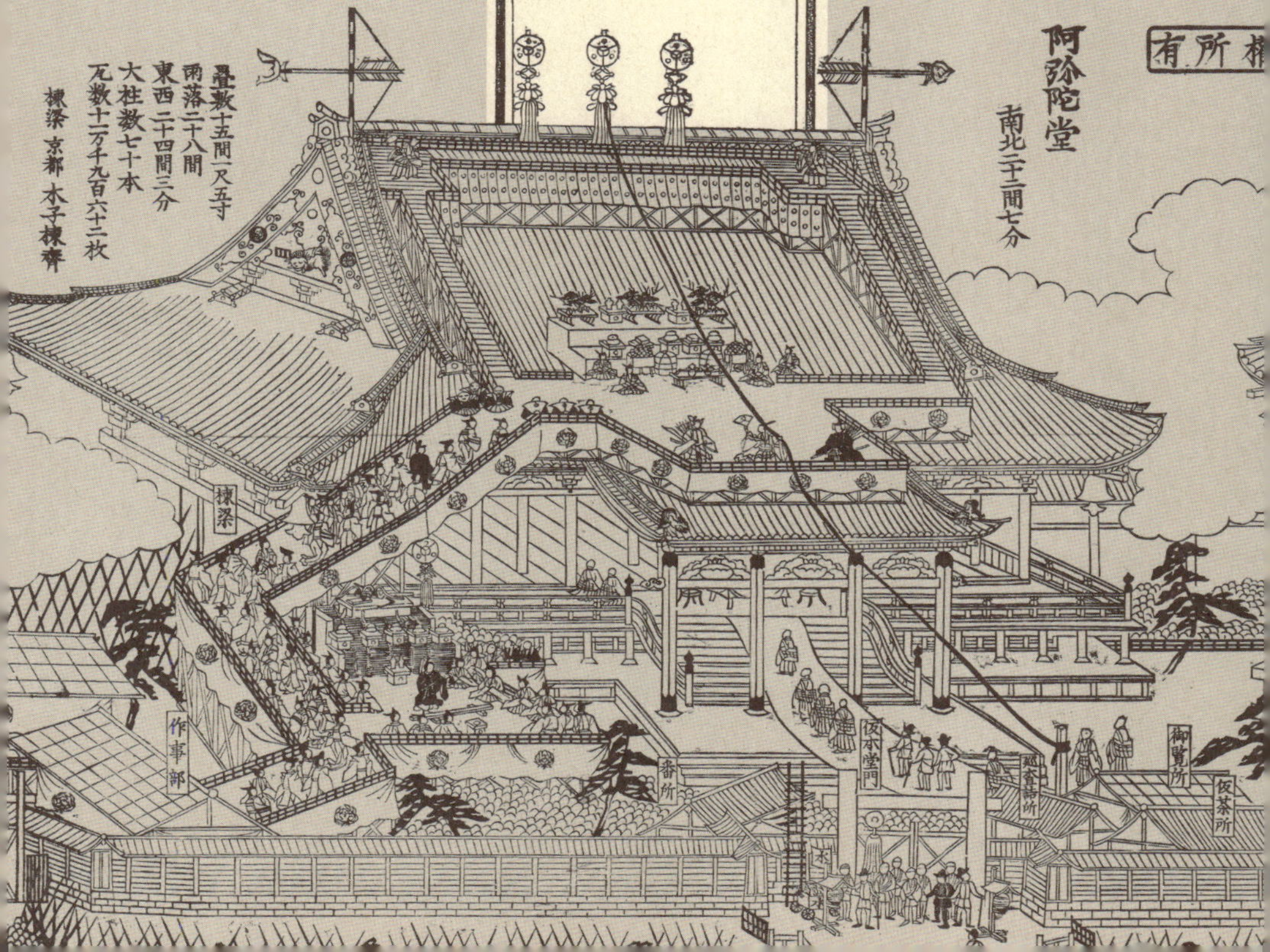

はじめに

近代の真宗大谷派教団は、恒常的な財政難を抱え深刻な教団内部の対立に直面しながら、苦難の歩みを刻んできた。十九世紀末に幕末に焼失した両堂の再建をなし遂げ、その後、清澤満之らの教団改革運動の推進により、教団近代化に向けた新たな局面を迎えるが、それ以前の歴史についてはあまり語られることがない。

近代以降の真宗大谷派の歴史を包括的に記した書物としては、古くは内記龍舟著『先帝と東本願寺』（法藏館、一九一二年）があり、明治期に刊行された『大谷派本願寺名所図会』（石倉重継著、博文館、一九〇二年）、『本願寺誌要』（大谷派本願寺誌要編輯局、一九一一年）などにも大谷派の沿革にふれた箇所がある。戦後になって柏原祐泉著『近代大谷派の教団——明治以降宗政史——』（真宗大谷派宗務所出版部、一九七六年）、寺川俊昭著『念仏の僧伽を求めて——近代における真宗大谷派の教団と教学の歩み——』（法藏館、一九七六年）、奈良本辰也・百瀬明治著『明治維新の東本願寺——日本最大の民衆宗教はいかに激動の時代を生きぬいたか　嵐のなかの法城物語——』（河出書房新社、一九八七年）、名畑崇著『本願寺の歴史』（法藏館、一九八七年）などが相次いで刊行された。しかし、その内容は教団史の全体的動向を知る上で、必ずしも充分なものとは言えない。

研究書としては、徳重浅吉著『維新政治宗教史研究』（目黒書店、一九三五年）と、一九三〇年代に大谷派宗史編修所が発行した『宗史編修所報』（一～一七号）及びその後継誌『宗学院編修部紀要』（一八～二八号）に優れた論文が収められている。しかし、これらは戦前の研究成果であり、戦後になって、真宗大谷派の歴史的研究は清澤満之以降に集中し、それ以前の動向を扱う近代史研究は大きく立ち遅れているのが実情である。

戦後に至って数種の関係史料集も刊行されるようになった。柏原祐泉・森龍吉編の『真宗史料集成』第一一～一三巻（同朋舎、一九七五・一九七七年）、北西弘編『東本願寺近代史料――阿部恵水宗門秘顧録・下間頼信日記――』（北国出版社、一九八六年）などには重要な史料が収録されている。また、真宗教学研究所発行『教化研究』が、一九七四年発行の七三・七四号合併号以降、断続的に「資料・真宗と国家」という特集号を組んで、明治以降の教団関係史料を翻刻している。さらに、一九九一年から二〇〇三年にかけて真宗大谷派宗務所出版部によって、『「宗報」等機関誌復刻版』として明治期の教団機関誌などが復刻され、大谷大学真宗総合研究所より『厳如上人御一代記』Ⅰ～Ⅲ（一九九一年～一九九七年）も刊行された。これらにより、明治期の真宗大谷派教団の内情がかなり把握できるようになりつつある。

近年に至り、谷川穣の「北垣府政期の東本願寺――本山・政府要人・三井銀行の関係を中心に――」（丸山宏ほか編『近代京都研究』〈思文閣出版、二〇〇八年〉）のような優れた個別研究も発表されるようになった。しかし、近代初頭の真宗大谷派の歴史を俯瞰できるような適当な文献がないため、この時期の動向が研究対象となりにくい事情があるように見受けられる。

そこで、戦前期に新聞・雑誌等に掲載されたもののなかから、近代初頭の真宗大谷派の歴史を知る上で重要と考えられる史料を翻刻・収録し、解説を付して本書を刊行することを企図した。これらの史料を見れば、近代初頭における大谷派教団の動向が、近代仏教史研究はもとより、日本近代史全般を考察する上でも非常に大きな意義を有していたことに気づくであろう。本書が近代初頭の真宗大谷派の動向研究の活性化を促し、近代仏教史研究の発展に少しでも寄与できれば幸いである。

明治前期の大谷派教団＊目次

第二部　石川舜台とアジア布教

解　説

史　料

（4）光瑩伯の思出（承前）（洋行の時）（三）　石川舜台翁談
（一九二三〈大正十二〉年二月十五日付『中外日報』）……202
（5）明治仏教秘史①　石川舜台翁談
（一九二三〈大正十二〉年三月二十一日付『中外日報』）……204
（6）明治仏教秘史②　石川舜台翁談
（一九二三〈大正十二〉年三月二十二日付『中外日報』）……206
（7）明治仏教秘史③　石川舜台翁談
（一九二三〈大正十二〉年三月二十四日付『中外日報』）……207
（8）明治仏教秘史④　石川舜台翁談
（一九二三〈大正十二〉年三月二十五日付『中外日報』）……209
（9）明治仏教秘史を読んで　上原芳太郎
（一九二三〈大正十二〉年三月二十七日付『中外日報』）……210

第三部　教団改革運動への胎動

解　説

（1）改革趣意書の発表……215
（2）尾州得明会と改革運動の拡大……217

（3）改革運動のその後……218

史　料

（1）大谷派本願寺事務改革趣意書
（『愛国新報』第八十六号附録広告）……221
（2）真宗大谷派の改革党の旨趣
（一八九一〈明治二十四〉年二月二十日付『明教新誌』）……229
（3）『欧米之仏教』第五編〈抄録〉
（一八九一〈明治二十四〉年七月二十九日発行）……230
（4）『欧米之仏教』第六編〈抄録〉
（一八九一〈明治二十四〉年八月三十日発行）……232
（5）大谷派本願寺改革党の運動
（一八九一〈明治二十四〉年十一月二日付『明教新誌』）……239
あとがき……241

凡例

一、仮名遣いは原文のままを原則としたが、読みやすさを考慮して、一部で句読点・濁点などを追加変更するなどした。また一部をひらがなに改めた。

一、旧漢字表記が通例となっている一部の姓名を除いて、旧漢字・異体字はそれぞれ新漢字・正字に改めた。また、明らかな誤植・誤字以外は原文のままとし、人名その他もあえて統一を図らなかった。

一、ふりがな、圏点などについては省略した。

一、送りがなも原文のままを原則としたが、読みやすさと統一を図るため一部で適宜改めた。また、一部史料で原文がカタカナ表記であったものを、ひらがなに統一している。

一、改行・段落も原文のままを原則としたが、読みやすさを考慮し、一部で改行した。

明治前期の大谷派教団

第一部

明治期大谷派の宗政史概説

第一部　解　説

近代初頭の真宗大谷派教団の動向を俯瞰する上で欠かせない文献に、水谷寿著「明治維新以後に於ける大谷派宗政の変遷」がある。しかし、この文献は長く忘れ去れたような存在となっており、研究者で取り上げる者もほとんどいない。

ついては、まずこの文献が執筆された歴史的背景と経緯を説明し、次にその内容に関して浄土真宗本願寺派の動向と比較しつつ、若干の解説を加えたい。

(1) 宗史編修所と水谷寿

「明治維新以後に於ける大谷派宗政の変遷」は、大谷派本願寺宣伝課発行の『真宗』三七二号（一九三二年十月）から三九〇号（一九三四年四月）までの約一年半、十八回にわたって連載された。著者の水谷寿は、当時、大谷派宗史編修所の編修員であった。宗史編修所が戦前の大谷派の宗史編纂事業に果たした役割はきわめて大きいものがある。『宗史編修所報』第一号の末尾掲載「後記」には、その設立に至る経緯が次のように記されている。

大正十年一月、本山内に設置された侍董寮が、同年十一月の出仕総会に於いて、特別事業として「一、七祖聖教を大成すること。二、帖外聖教の真偽を考査して拾遺聖教を編纂して併せて帖内の異本をも対校して真宗聖教を大成する事。（三略）四、大谷派の教典誌及び学事史を編纂する事」を議決し、翌年十一年三月、特別事業賛助者として、出勤なる職員が任命されたことが、宗史編修所の濫觴である。

爾後、大正十五年六月末日まで、本山内に於いて、侍董寮の附属事業として、聖典編纂、史料蒐集（初の学事史纂計画を拡大して）の名目の孜々業績が積まれた。

大正十五年七月、これら二事業を侍董寮より分離し、一独立の機関として、業務を遂行すべき前提として、大谷大学内に執務の室を移し、翌昭和二年七月、宗史編修所規程が発布されて、こゝに教学部長所管の一事業として、宗門機関の一となつた。

昭和五年六月、予算が大谷大学費の一部に編入されてゐたゝめ、同学予算の緊縮に殉じて、一時閉鎖の憂き目を見てゐたのであるが、これを一柳現教学部長が遺憾とし翌昭和六年十月、本山内に復活せしめ、現在に至つたのが、本所の略沿革である。(1)

真宗大谷派の宗史研究への関心は高く、すでに一九〇七（明治四十）年には、親鸞六百五十回遠忌記念事業として真宗大学に宗史研究会が設置され、同大学の教職員・研究院生らが史料蒐集と研究活動に着手していた。(2)また、この年の二月には侍董規程が発布された。侍董は講師のなかから法主により任命され、「宗意に悖戻スル者アリタルトキ法主ノ命ヲ稟ケテ之ヲ董理」することを役目としていた。[3] さらに一九二一（大正十）年一月発布の侍董寮規程により、上局に直属し「宗意ヲ闡明ニシ学解ノ貫綜ヲ期スルヲ以テ目的」とする機関として侍董寮が設置された。[4] ほどなく水谷寿は、侍董寮出勤の学師に任命されたようであり、一九二四年には、『大谷派近代年表』の編纂を手掛けている。この年表は、同じく侍董寮出勤の学師であった横田満との共著であり、大谷派本願寺編纂課より刊行された。[5] 本書巻末に加藤智学（侍董寮主事）が寄せた一文によれば、水谷と横田とは、明治維新前後の宗門史料を入手することが困難であることを遺憾に思い、調査・研究に着手して、一八四八（嘉永元）年から一九二四（大正十三）年に至る年表を作成したという。

侍董寮出勤の学師であった水谷は、安心問題にも造詣が深かったようであり、一九三四（昭和九）年には、『異安心史の研究』と題する書物も上梓した。[6] 一九二八年にも『大谷学報』に「明治初期に於ける大谷派の学事史」という論文を寄稿している。[7]

『大谷派近代年表』刊行の三年後の一九二七年七月、宗史調査・研究のための常設の研究施設として宗史編修所が大谷大学に設置された。このとき、以下のような宗史編修所規程が発布された。

第一条　大谷大学ニ宗史編修所ヲ付置ス
第二条　本所ハ宗典並宗史ノ編修及刊行ニ関スル事項ヲ掌ル
第三条　本所ニ宗典部宗史部ノ二部ヲ置ク
第四条　本所ニ左ノ役員ヲ置ク
　所　長　一名

水谷は宗史編修所発足当初から編修員として勤務したようであり、一九三二（昭和七）年十一月には『宗史編修所報』が創刊された。このときのスタッフとして、一柳知良教学部長が所長を兼務したのをはじめ、事務主任に圓山千之、書記に網田義雄が配属された。また編修員には日下無倫、可西大秀、岡崎正謙、水谷寿、濱田侍がいた[9]。

顧　問　若干名
編修員　若干名
書　記　一　名（以下略）[8]

（2）明治仏教史研究の高まり

宗史編修所が設置された当時、明治仏教研究に向けた機運が高まりつつあった。東京では、一九三二（昭和七）年秋頃に友松圓諦らが中心となり明治仏教史編纂準備会が設置され、翌三三年三月一日には、東京銀座の菊池ビル三階に明治仏教史編纂所が開設されて、精力的に史料蒐集を開始した。明治初年から仏教界で活躍した人物が次々に世を去り、貴重な史料が散逸していくなかで、関係史料と記録を保存していくことの必要性が強く認識された結果であった。当時、大谷派だけでも、南條文雄（二七年没）、村上専精（二九年没）、石川舜台（三一年没）、境野黄洋（三三年没）ら明治期に名を馳せた碩学たちが次々と物故者となりつつあった。明治仏教史編纂所は、宗派を超えて史料提供と情報交換を呼びかけ、全国の主要な都市に明治仏教談話会を開催することを計画した[10]。京都でも、明治仏教史編纂所主催の会合が開かれ、宗史編修所からは一柳所長と日下編修員が出席している[11]。

また、一九三〇年八月に『龍谷大学論叢』が明治仏教研究に関する特集号を[12]、一九三三年七月には『現代仏教』が創刊十周年を記念して明治仏教の研究・回顧特輯号を発行し[13]、明治仏教史研究への関心を刺激した。

こうした状況を受けて、大谷派の宗史編修所の活動も一層活況を呈したようである。なかでも、水谷は早い時点から宗史研究に関わっており、宗史編修所設置後も主要なメンバーとして活躍したようである。すでに『宗史編修所報』創刊のひと月前には「明治維新以後に於ける大谷派宗政の変遷」の連載を開始しており、創刊号には「明治初期政府の宗教政策」と題する論文を載せている。第二号の「後記」には、「水谷寿氏は、何処からか宗門維新史々料として門外不出の日記類を借り入れて、その抄録に忙しく[14]」と記されている。「明治維新以後に於ける大谷派宗政の変遷」の第一回と第二回の末尾にも、広く関係者からの宗門史料と情報を呼びかける文を掲載している。水谷の精力的な調査活動は、第三号掲載の「史料採訪紀行（明治部）」からも知れる。続いて第四号にも、「大谷派本願寺の開教に就て（明治期）」という論文を発表した[15]。

しかし、水谷は一九三四年に入って二月に先述の『異安心史の研究』を上梓し、四月に「明治維新以後に於ける大谷派宗政の変遷」の連載を終えると、翌三五年一月突然、宗史編修所を辞任している[16]。辞任の理由は詳らかではないが、水谷は静岡市内の自坊（明泉寺）に帰ったようであり、その後、一九四五年六月十九日の静岡大空襲に遭い死亡している[17]。

（3）両派の宗史編纂事業

水谷寿が宗史編修所を去った後も、『宗史編修所報』には石川学・武田統一・小串侍（旧姓濱田）・可西大秀ら編修員の論文が掲載され、活発な調査・研究活動が続けられたようである。しかし、一九三七（昭和十二）年十一月に宗学院条例の一部改正により宗史編修所は消滅し、その事業は宗学院に継承されることとなった。[18]『宗史編修所報』も、一九三八年三月発行の一八号から『宗学院編修部報』と改題され、一九四一年六月発行の二八号をもって廃刊となったようである。[19]

戦時下にあって調査・研究を継続していくことが困難になったためと考えられるが、戦前の一連の大谷派の修史事業の成果として戦時中に刊行されたのが『東本願寺史料』である。『東本願寺史料』は、宗学院編修部編により一九三九年三月から一九四三年十二月にかけて、次の四冊が刊行されている。

第一冊　自文化十四（一八一七）年、至天保五（一八三四）年　（達如時代）
第二冊　自天保六（一八三五）年、至嘉永二（一八四九）年　（達如時代・厳如時代）
第三冊　自嘉永三（一八五〇）年、至文久三（一八六三）年　（厳如時代）
第四冊　自元治元（一八六四）年、至明治元（一八六八）年　（厳如時代）

本書は、戦前における大谷派の積極的な宗史編纂事業の大きな成果物と言えるが、明治元年までの史料掲載に止まり、近代に関する史料集は刊行されなかった。また、宗史を叙述した本編も刊行されていない。敗戦の混乱と水谷寿ら有能な編修員を失ったことは大きな痛手であったろう。

敗戦により修史事業が途絶えて以降、近年になってようやく修史事業に向けた機運も高まりつつあるようである。二〇一一（平成二十三）年には、真宗大谷派からの業務委託を受けた大谷大学真宗総合研究所により『真宗本廟

（東本願寺）造営史――本願を受け継ぐ人びと――』（真宗大谷派宗務所出版部）が刊行された。今後の大谷派の修史事業の発展に期待したい。

一方、本願寺派の場合は、一九一一（明治四十四）年十月に仏教大学（現龍谷大学）図書館内に本願寺史料編纂のための事務室が開設された[20]。同年十二月二十二日付甲達第五二号をもって、編纂事業を開設し執行所枢密課の所管とすることが達せられている[21]。翌年一月発行の『教海一瀾』（『本願寺新報』の前身紙）は、本願寺史編纂の事業を開始することを広告し、編纂部員が史料蒐集のため出張した際は協力することを門末に求めた。編集部員には、脇谷撝謙、鷲尾教導らが就任し、各地を巡回して史料を蒐集したようである[22]。同年七月発行の『教海一瀾』に「本願寺史編纂概況」が報告され、蒐集した史料の一覧が記載されている[23]。これら史料は、現在も龍谷大学大宮図書館に所蔵されている。

しかし、当時の仏教大学は、『仏教大辞彙』（全三巻）という辞書編纂の大事業も並行させており[24]、本願寺史を編纂するまでに至らなかった。ただ、一九一二年七月に明治天皇が死去したため、翌年『先帝と本願寺』が刊行された[25]。この書の奥書には、興教書院編輯部の編纂と記載されているが、巻等の「例言」は、「本願寺史料編纂所にて、脇谷、鷲尾、西谷生しるす」とある。明治天皇と西本願寺との関係史が詳述されており、編纂所で蒐集した史料が活用されたようである。

なお、一九一二年には、『先帝と東本願寺』も刊行されている[26]。こちらも、明治天皇と東本願寺との関係が編年体で書かれている。『先帝と本願寺』と『先帝と東本願寺』とは明治期の東西本願寺の歴史を知る上で貴重な史料である。ちなみに、六百五十回遠忌法要の際には、前述の大谷派の『本願寺誌要』が刊行されたほか、高田派が『専修寺史要』を、誠照寺派が『真宗誠照寺派本山誠照寺史要』を刊行している[27]。これらの出版物は近代における寺史編纂のなかでも、先駆的事例であろう。

本願寺派では、戦後になって一九五六（昭和三十一）年、親鸞七百回遠忌法要を目前にひかえ、本願寺史料編纂所が設置されて『本願寺史』全三巻の刊行に着手した。その後、一九六七年に編纂所は本願寺史料研究所へと発展し現在に至っている。戦後、常設の宗史研究機関を設置した点では、本願寺派の方に一日の長があるようだが、大谷光尊（西本願寺二十一世、法号明如）の没した一九〇三（明治三十六）年までの近代の記述に限定するならば、『本願寺史』の内容は一九二七年五月刊行の『明如上人伝』の域を出るものではない(28)。『明如上人伝』は、一九二六年七月、光尊の二十五回忌を迎えるにあたって明如上人伝記編纂所が設置され、前田慧雲が所長に就任し、内外に関係史料・情報の提供を呼びかけて編集作業がスタートした(29)。刊行までわずか一年足らずであったが、明治期の本願寺派の動向を全体的に把握するための基本的文献と言える。

水谷寿著「明治維新以後に於ける大谷派宗政の変遷」は、大谷光演（東本願寺第二十三世、法号現如）が継職する一九〇八（明治四十一）年までが記述されており、『明如上人伝』の記述とかなりの時期が重なる。「明治維新以後に於ける大谷派宗政の変遷」は宗政に限定して編年体で書かれているのに対し、『明如上人伝』は宗政以外の諸事業を含めて項目別に叙述されている違いがあるものの、相互を読み比べれば、明治後期までの両派に共通する課題と対応の違いなどが明らかになると考えられる。

ちなみに、水谷が「明治維新以後に於ける大谷派宗政の変遷」を執筆するために蒐集した史料等の書写は、『宗政史料』三巻にまとめられて大谷大学図書館に所蔵されている(30)。

（4）借財償却問題

明治期の大谷派教団が宗政史上で抱えていた問題は、①莫大な借財の償却、②教団機構の刷新、③明治新政府との関係構築の三点に集約できると考えられる。そして、これらの課題は、本願寺派教団も共通して直面する問題であった。もちろん、明治以降の仏教教団の取り組むべき課題は、教学の振興や布教の充実、各種社会事業の創成、地方組織の整備と連携など他にも山積していたが、ここでは教団中枢における宗政上の前掲三点の課題に限定し、大谷派と本願寺派が置かれた歴史的状況と両派の対応の異同について解説を加えよう。

幕末維新期には、本願寺派もきわめて厳しい財政状況に直面していた。その最大の原因は朝廷への度重なる献金であった。本願寺派は、一八六三（文久三）年一月に一万両を朝廷に献金したのをはじめ、一八六五（慶応元）年から六七年にかけて朝廷の避難経路を確保するため荒神口の架橋工事を請負い、約五万両を出費したと言われる。一八六八年に鳥羽伏見の戦いがはじまると、一月に三千両を献じ、さらに仁和寺宮嘉彰征討大総督の出兵に際して一千両、三月には九條道孝の奥羽出兵費用として三千両、六月に仁和寺宮の越後出兵費用として五千両を献じた。このような相次ぐ献金のほか、大津・伏見・八幡・山崎・嵯峨に砦営関門の造築も命ぜられ、その資金調達のため広如（西本願寺二十世）は、全国末寺門徒に浄財寄附を奨励する直諭を発し財政の緊縮を断行した。しかし、さらに流通不調であった太政官札を正金三万両で引き受けたことで一万数千両の損失を蒙り、地方からも献金中止の懇願書も提出され、ついに砦営関門を辞退するに至っている[31]。結局、一八七一（明治三）年の段階で、その負債額は七十六万両まで膨らんだが、七八年頃にはほぼ償還を終えている[32]。わずか数年で負債を償還できた原動力には活発な教会・結社の活動があったと考えられ、このことについてはかつて別に論じた(33)。

一方、大谷派は徳川幕府との密接な関係があったが、一八六四（元治元）年八月中旬には本願寺派にならって一万両を朝廷に献納している。しかし、その一方で、一八六六年には幕府より五万両の寄進を受けている。鳥羽伏見の戦いで討幕派の優位が確定すると、大谷派は次々と戦費献金を申し出たが、その対応や貢献度において本願寺派に後れをとったことは否めない(34)。このため大谷派は、明治初年以降に新政府への忠誠を示すべく、北海道開拓事業やアジア布教を積極的に担うこととなった(35)。これらの経費に加えて、一八六四年七月に起こった禁門の変で焼失した両堂の再建費用捻出のため、明治期の大谷派は恒常的な財政難に苦しむこととなったのである。

ところで、大谷派が財政難に直面するなかで執行部の不明瞭な会計処理が発覚して度々混乱に陥ったのに比べると、本願寺派の場合は相対的にそうした問題は少なかった。本願寺派の改革運動は、一八六八（明治元年）七月に島地黙雷らが提出した建議書にはじまったが、そこにはすでに「量入為出之目的不相立会計之不当眼前に候へ共」と記され、財務処理の透明化と健全化を目指す方向性が示されており(36)、一八八一年に集会が発足したのちには、ここで本山経費の予決算が審議されるようになった。もっとも、集会の議定を経ずに法主とその側近が自由裁量によって執行できる多額の経費が別に存在したため、予決算審議権は限定的なものに止まった(37)。さらに大谷光瑞（西本願寺二十二世、法号鏡如）継職の頃には、集会による審議は機能不全に陥ったようである。一九〇四年に当選して四年間集会の総代会衆を務めた干河岸《ひがし》貫一は、当時の集会の実情を「本山の耆宿も役員も骨鯁の直言を献して逐はるゝときは得る所無く失ふ所あるへけれは唯法主の頤使に従ひ一日の安を偸む外良策を知らさる状態なり集会の如きは既に有名無実のものとなり了れり(38)」と評している。そして、こののちに大谷光瑞とその側近による疑獄事件が発生し、光瑞が法主職を辞任するとともに、教団は莫大な借財返済の課題を背負うことになったのである(39)。

ところで、借財償還の方法をめぐっても大谷派は迷走した。石川舜台は、『本願寺宗政論』のなかで、「糧道を断れたから、本山を始め末寺の尽くが、檀家に金を乞ふ風習となつた。本山は、明治十三年迄は、絶対に金をくれと云はなかった」[40]と述べている。「明治十三年迄」とは翌年十一月に真利宝会が設立されたことを指すと考えられ、この真利宝会の募財失敗を経て相続講の設立によって、混乱を生じながらもようやく大谷派は借財償還への歩みを進めはじめた。しかし、石川はこうした在家信者の懇志に依存する手法を強く批判する。そして、僧侶が直接的に在家信者への募財活動に関与する弊害を指摘し、檀家から定額の寄附金を徴収する役割を町村役場に委ね、道府県庁を通じて各寺院に支給することを提言している[41]。

石川の言うところの「糧道」とは、維新以前の寺領からの収入や有力外護者からの寄進を言うのである。「絶対に金をくれと云はなかった」というのは大げさであり、過去においても、東本願寺創建と四度の焼失による両堂再建が門徒の寄進により実現したことは間違いなく、本山側もその度に奉加を募った[42]。しかし一方で、江戸時代の大谷派は、幕府御用林から造営用材の提供を受けるなど幕府からの強力な支援を受けており、幕末にも両堂再建費用として五万両の寄進を受けている。大谷派は維新期まで、相対的に在家信者からの寄進を仰ぐ手法に長けておらず、そのため募財をめぐって混乱を生じた可能性も考えられよう[43]。

これに比べて本願寺派は、在家信者を組織化して広く懇志を求める手法を早期から構築しつつあったと推察される。妙好人と称せられた在家信者や、酬恩社・弘教講といった明治初年の巨大講社もほとんど本願寺派系であったことは、その証左と言えるかもしれない。さらに明治末年に至って教士・女教士の制度を設け、在家信者を布教従事者として登用する道を開いたのも本願寺派であった[44]。

（5）家臣団解体の過程

「明治維新以後に於ける大谷派宗政の変遷」には、明治期に大谷派が内部抗争を繰り返していたことが詳細に記されている。維新期、坊官ら家臣団を解体して宗政を末寺僧の手に帰すことは、両派にとっての重要課題であった。しかし、本願寺派が島地黙雷・赤松連城ら防長末寺僧の建議を受け入れ、比較的スムーズに末寺僧による教団機構改革に着手したのに比べると、大谷派では坊官ら家臣団が強い影響力を保持し続けた。護法場出身の寺務改革推進派と家臣団の対立は、一八七一（明治四）年十月に護法場を統括する立場にあった金松空覚（闡彰院）の暗殺事件にまで発展した。

もっとも、本願寺派でも旧家臣団による暗殺の噂はあったようで、維新期の本願寺派を直門徒として支えた松田甚左衛門は次のように回想している。

> 大体本山には六条侍と申して下間家老職以下数百戸の家中がありまして、本山の寺務を執つて居りました。爾るに廃藩置県の政治が布れると此等の侍にも御暇が出まして、広く門末から有為の人材を採つて用ひる事になりました、此が抑も人材登用のはじまりであります。此がため旧家中の人達は一時無職となつた丶め大に困難に陥りました、諸藩では貯もありますから所謂涙金の報還金と云ふのを渡すことも出来ましたが、本山では貧困のためにその報還金を渡すことも六ケしく此等の人を救済するには非常に困りました。その結果六条境内は余程物騒になつて暗殺の噂も折々伝へられ中にも利井さんなどは旧家中に対しては夜分などは殿内長廊下等を

通行するさへ危険であつた位であります。(45)

大谷派の寺務改革推進派は、京都府知事槇村正直の支援を受けて、ようやく坊官ら家臣団の宗政介入を排除することに成功したが、その後も家臣団に近い関係にあった東京・新潟を中心とする末寺僧は、寺務改革派に抵抗したようである。改革推進派への抵抗勢力は、一八七三年十二月に真宗各派が大教院分離の請願を提出した際にも、大教院への残留を主張して行動したことが、「明治維新以後に於ける大谷派宗政の変遷」に記されている。一方、本願寺派では、大教院分離運動に反対した末寺僧をあまり聞かない。

大谷派の大教院在留派の中心人物のひとりに藤原大選がいる。藤原は大教院が廃止された一八七五年五月、「教法之儀ニ付」元老院に建言書を提出している。その建言書では、「人民思想ノ自由ヲ通達セシムル最第一ノ地ニ置ヘキ者ナリ況ヤ今日開明ノ陸運人民ノ束縛ヲ解クコト倒懸ヲ解クカ如クナルニ方テ特リ教法上ノミ依然旧態ヲ存シ本寺本山師主管長ノ威権恰カモ封建藩主ノ領民ニ於ケルカ如クニ末徒ヲ拘制シテ毫モ自由ヲ得セシメス」(46)と、派内の封建的体質を厳しく批判している。さらに本山管長を廃止することを主張し、新たな教団のあり方について、次のような提言をしている。

見込書

一各府県管内ニ於テ同宗凡百ケ寺内外ヲ以テ一教会社ト定ムヘシ

一各社毎ニ教長一員副教長一員ヲ置ク

但社中ニテ選定スヘシ教長ハ其人ノ徳望ニヨリテ幾社ヲ兼ヌルモ妨ナシ副教長ハ必ス其地方ニ於テ選ムヘキ

コト
一右規約章程ハ地方官ヲ経テ教部省ノ許可ヲ得施設スヘシ
一管轄庁下ニ教用事務取扱所ヲ置キ各教会社ヨリ交番出勤スヘシ
一教法施行ノ規則並職務ノ当否ヲ督スルコトハ地方官ニ任スヘシ(47)

こうした教団組織の根底からの解体を主張する大胆な教団構想は、近代を通じてあまり例を見ないが、それほど教団内部の対立が深かったと言えるのかもしれない(48)。

（6）公選議会開設をめぐる動向

両派では、家臣団を宗政から排除した後にも、新たな宗政の主導権争いが表面化した。本願寺派では大谷光尊（明如法主）と防長末寺僧の対立が、一八七八（明治十一）年の島地黙雷異安心問題、翌年の寺務所東移事件となって現れ、これらの事件の過程で、教団内に議会開設の要求が高まりを見せた。結局、光尊は、寺務所東移を断念する代わりに防長末寺僧の専制体制を解体することに成功し、一八八一年十月、全国の各教区より選出された三十名の惣代会衆と、法主に選ばれた特選会衆十一名により、第一回集会は開催された。その後、この集会を舞台に特選会衆と教区選出会衆の激しい論戦と駆け引きが繰り広げられたが、やがて法主側と末寺僧侶側との相互権益保全の合意が成立していくなかで、集会の宗政チェック機能は喪失していった。また開設後まもなく集会は、本願寺派教会結社条例を制定して巨大講社の解体を図り、これにより在家信者の求心力も急速に失われていった。しかし、一方で、開設当初の集会が教団内の権力抗争を緩衝する機能を果たした側面も否定できないであろう(49)。

これに対して大谷派では、長きにわたって石川舜台派と渥美契縁派が対立を繰り返し、暴力事件に発展して警察沙汰まで引き起こした。ところで、大谷派でも両派の対立の過程で議会開設の要求が教団内に高まりを見せた。この点に関して、「明治維新以後に於ける大谷派宗政の変遷」ではあまりふれられていない。わずかに「石川舜台、篠塚不着又外に在つて長圓立を応援し、能登の佐々木巽牛、江尻静継、江州の東義範等数十人、谷了然、橘智隆これ等又舜台一味に合流して総会議を請願し」と記されているに過ぎない。

しかし、当時の新聞等にその動向が詳しく報じられた。それによれば、一八八二年八月二十八日、篠塚不着・谷了然・沼僧淳の三氏は執綱に宛てて「総会議御開設願」を提出し、「至急憲法を確立し末徒の代議員を徴集し総会議御開設被遊度此段奉請願候也」と記している(50)。前年の十月には国会開設の勅諭が出されて自由民権運動が激しさを増しつつあり、同月に本願寺派集会も開催された。さらにその前年の一八八〇年に本願寺派は、寺法編成事務局を置いて寺法を編成している。大谷派でも寺法制定と宗議会の開設を望む声が高まりを見せたのである。当時の報道では、長圓立が石川舜台らと手を結び、渥美契縁派を山内から追い落とすために総会議開設を画策したと見る向きもあり(51)、僧俗に向けて次のような檄文を発したようである。

（前略）今や我本山興亡分るゝの秋なり諸君それ宗門のために斃んか諸君それ本山のために斃んか身命を惜まず譴怒を顧みず激発昂々志を同ふし力を共にし以て本山を維持せざる可んや近来我本山寺務所の景況を観察するに其行為は抑圧に非されば則ち専裁其当路者は倨傲に非されば則ち自恣日に内厄を救治するに汲々として外患を顧みるに暇なく教学振はず財務整はず綱紀弛み人心散ず其危き啻に累卵のみならざるなり今にして早く一

派の総会議を開き制度規律之を公議に決し人心の向ふ所に従ひてこの頽波を回さずんば将た本山を何の地にか置ん苟も末徒にして立て本山の倒るゝを視んか宗祖の罪人たるを如何せん退て恭順の人ならんか本山の将に倒れんとするを如何せん乃ち身命を惜す讃怒を顧みず相誓て以て総会議開設を請願せざる可からざる所以也是を以て来る九月二日京都円山左阿弥に於て同志諸君と相会し交を結び親を厚ふし以て其志を遂とす諸君宜く此意を領し賁臨あらんことを切に冀ふのみ

明治十五年八月

総会議請願者懇親会会議[52]

僧俗に蹶起して京都に参集することを求めたこの檄文を契機に、総会議開設運動は派内に大きな高まりを見せたようであり、九月六日に執綱大谷勝縁は次のような諭達書を発している。

近頃末徒の中に於て本山為筋と称し同志を募り党派を結び総会議等開設願出候も有之候処右は本山の主義に戻り法主の尊慮に背き候儀条別紙趣意書の旨趣を体し心得違無之様可致此段諭達候事[53]

ところが、派内の混乱は収まらず、十月八日には奸僧の免職を求めて在家信者五、六百名が本山に押しかけ、翌日にその数は一千人あまりに膨れあがったという[54]。結局、翌八三年六月、岩倉具視の依頼を受けた井上馨の調停により枳殻邸同盟会が開かれ、ひとまず混乱の解決を見るに至った。しかし、総会議が創設されることはなく、一八八二年十一月に法主の諮問機関として待問所が設置されたに過ぎなかった。この点、その数年前に本願寺派で光尊と防長出身僧とが対立した際に、集会を開設する方向で岩倉らが調停に動いたのに比べると対照的であった[55]。自由民権運動の激化するなかで、政府側は大谷派総会議を断固として容認しない方針を採ったのでないかと推察される。もっとも、水谷は、大谷光勝（厳如法主）に議会の性質は宗門の大体に適せぬとの考えのあったことを記している。また渥美契縁も法主の建言を制限する公選議会を開くべきでないと考えていたようであり、(56)総会議の設立を通じて自派勢力の拡大を目指した石川舜台や長圓立らを除くと、大谷派宗務当局者も総議会開設には否定的であったようである。

いずれにせよ、公選義会の要求の高まりが本願寺派より数年遅れたため、自由民権運動の激化に際会して在家信者の参画要求が高まり、大谷派の公選義会の創設を困難にしたと考えられる。また、その後も執行役員の対立は続き、公選義設置要求が繰り返されることとなった。さらに両派の寺法を比べても、制定時期の時代状況の影響による違いを見て取れる。

本願寺派寺法（一八八一年三月二十七日制定）

第二条　京都本願寺は一派の共有の本山にして派内の寺院僧侶及び門徒を管轄する権力を有す

大谷派寺法（一八八三年九月十二日制定）

第二条、本山は従来の慣例によりて法主の寺領とする

第三条、本山は派内の寺院及び門徒を管轄するの権力を有す

本願寺派では、寺法編成委員会で激しい意見対立があったものの(57)本山を門末の「共有」と位置づけたのに対し、

大谷派では、「法主の寺領」としている。教団内の混乱を法主の権威を強化することで回避しようとする大谷派の意図がうかがえ、天皇大権に名を借りてプロシア流の国家路線を目指す政府の動向と軌を一にしていたと考えられる。

ところで、本願寺派集会の開設に際しても、三田尻仏飯講のように在家者の宗政参画を要求する者がなかったわけではないが[58]、その際には大きな議論にならず、集会は末寺僧侶の参画に限定して発足した。ところが、集会が発足すると、北陸・近江・美濃・尾張・中国・九州の在家信者の有志らは報恩同志会を設立して、集会の開催時期に合わせて全国から総代を招集して協議し、本山側へ改革建白書を提出するようになった[59]。一八八三年一月には大谷派の騒動が本願寺派にも飛び火し、全国二十三ヶ国一千万人の信徒総代を標榜して上洛した有志七十余名が、本山改革の請願書を持参して連日執行に面会を求めるという事件が起こった[60]。大谷派の仲裁に岩倉・井上ら政府要人が動いたのも、こうした両派の在家信者の運動の広がりを懸念してのことであったと考えられる。

（7）明治新政府との関係

明治前期の大谷派は、絶えず激しい内部対立と深刻な財政問題を抱え、その解決のため政治権力者からの支援、仲介や調停を必要とした。鳥羽伏見の戦いで幕府方が敗戦濃厚となった際、大谷派に朝廷への帰順を示す誓書を提出するように勧告したのは山階宮晃親王であったが[61]、維新後も北海道開拓着手の際に三条実美よりの内談があり、旧家臣団の排除に際しては槇村正直からの強力な支援（宗政干渉）を受けた。さらに光瑩らの渡欧の際には江藤新平らの指導があり、中国・朝鮮布教は大久保利通・寺島宗則の勧誘によって着手している。幕府方と目されていた大谷派が、明治初年に一連の対外的事業を推進した背景には、新政府に忠誠を示すためと、政府要人との連携を示すことで宗派内の反対派を封じ込めるねらいがあり、その中心的人物が石川舜台であった[62]。続いて石川と渥美契縁の対立が激化すると、介入してきたのが岩倉具視であり、最終的に岩倉の要請を受けた井上馨の仲裁によって、一八八三（明治十六）年六月に枳穀邸同盟会が開催され盟約が成立した。そして、岩倉らが同盟会後の宗政を託したのが渥美契縁であり、渥美は松方正義に借財償還の支援をたびたび懇願している。

このように大谷派は維新以降、ときどきの政府要人との関係をもったが、その多くは必ずしも真宗に好意的な人物とは言えなかった。大谷派法主と姻戚関係にあった山階宮と三条はまだしも、江藤や大久保らは政治利用するために大谷派との関係をもったと考えられ、しかも彼らは政変等で短期間に政治の表舞台から姿を消したため、その要請ではじめたアジア布教は頓挫を余儀なくされた[63]。

これに対し、本願寺派の場合、幕末から一貫して長州藩との密接な関係があった。一八六四（元治元）年夏の禁門の変で敗走した長州藩士を本願寺派がかくまったことは、菊池寛が戯曲にするなどよく知られた事実である[64]。維新後、特に関係が深かったのが木戸孝允であり、明治初年の大教院分離運動などで本願寺派が主導権を握ったのも、防長出身僧侶と政府部内長州閥の連携が背景にあったと考えられる。一八七七年五月に木戸が没すると、明如は防長出身僧侶に攻勢をかけ、寺務所東移事件を経て集会が創設された。この過程で明如は岩倉具視らの支援を受けたのであるが、その際にも伊藤博文らは防長出身僧侶の立場保全に動いたようである[65]。このように一時的に教団内の主導権争いに政府要人が介入したこともあったが、相対的に教団執行部は安定しており、大谷派のように政治権力者からの支援・介入を恒常的に必要とすることはなかった。

二十世紀末には、宗政に復帰した石川舜台のもとで、大谷派は仏教公認教運動の主導的役割を果した。この公認教運動から宗教法反対運動に至る大谷派の活動を、水谷は「其の気概と勢力とは実に華々しきものがある」と評価している。しかし、前述の『本願寺宗政論』を見る限り、石川の提言にはきわめて政治依存性の強いものがあり、絶えず政府要人の支援を必要としてきた悪しき体質を代弁しているようにも見受けられる。もっとも本願寺派が公認教運動から離脱したのも、ときの板垣退助内相との密約の結果と見る向きもあり[66]、政府要人に貸しをつくることで好待遇を引き出そうとの意図も垣間見える。

以上、明治前期に大谷派の直面した宗政上の諸課題に、本願寺派の動向と比較しつつ若干の解説を加えたが、不明な点が多く、今後の研究の進展に期待したい。

註

（1）『宗史編修所報』第一号（一九三二年十一月）掲載「後記」網田記。
（2）『宗史研究会』（一九〇七年七月十七日付『中外日報』）、『無尽燈』第一三巻第九号（一九〇七年九月）掲載「彙報」。
（3）『宗報』第六四号（一九〇七年二月）所収「達令」欄。
（4）『宗報』第二三二号（一九二二年二月）所収「達令」欄、及び「本山彙報・侍董寮設置」。
（5）水谷寿・横田満著『大谷派近代年表』（大谷派本願寺編纂課、一九二四年）。ちなみに、同書以前に、和田康道著『常葉年表』（一九〇三年）に、親鸞生誕の一一七三年から一九〇三年に至る大谷派関係年表が収められており、同書もこの『常葉年表』を参考としている。また、一九七七年に真宗教学研究所が刊行した『近代大谷派年表』（東本願寺出版部）は、同書を参考にしたと考えられる。
（6）水谷寿著『異安心史の研究――真宗大谷派分派以降現代に至る――』（大雄閣、一九三四年）。
（7）水谷寿著「明治初期に於ける大谷派の学事史」（『大谷学報』第九巻第三号、一九二八年三月）。

(8)『真宗』第三一一号（一九二七年九月）所収「達令」欄。
(9) 註(1)参照。
(10)「明治仏教史編纂所紀要」（友松圓諦編『明治年間仏教関係新聞雑誌目録』明治仏教史編纂所、一九三四年）。
(11)『宗史編修所報』第二号（一九三三年一月）掲載「後記」網田記。
(12)『龍谷大学論叢』第二九三号（一九三〇年八月）。
(13)『現代仏教』第一〇五号（一九三三年七月）。
(14) 註(11)参照。
(15)「大谷派本願寺の開教に就て（明治期）」（『宗史編修所報』第四号（一九三三年三月）。
(16)「宗史編修所記事」（『宗史編修所報』第九号（一九三五年四月）。
(17) 静岡平和資料センター所蔵の「静岡空襲死没者名簿」には、水谷寿の名前が記されている。
(18)『真宗』第四三六号（一九三七年十二月）所収「達令」欄、『宗学院編修部報』第一八号（一九三八年三月）掲載「後記」武田記。
(19) 現在時点で存在が確認できる『宗学院編修部報』は、一九四一年六月発行の二八号が最後である。この号末尾掲載の「後記」には、編修員の中心的メンバーであった武田統一が自坊に帰ったことなどが記されているが、雑誌自体が廃刊になることは予告されていない。
(20) 龍谷大学編『龍谷大学三百年史』年表（龍谷大学出版部、一九三九年）。
(21)『本山録事』一九一二年一月一日発行。
(22)「本願寺史編纂」（『教海一瀾』五〇五号、一九一二年一月一日）。
(23)「本願寺史編纂概況」（『教海一瀾』五一八号、一九一二年七月一五日）。
(24) 仏教大学編『仏教大辞彙』（冨山房、一九一四～一九二二年）。
(25) 興教書院編輯部編『先帝と本願寺』（興教書院、一九一二年）。
(26) 内記龍舟・猪飼法量著『先帝と東本願寺』（法藏館、一九一二年）。
(27)『専修寺史要』（高田派専修寺遠忌法務院文書部、一九一二年）、三田村清編『真宗誠照寺派本山誠照寺史要』（一九一一年）。
(28) 明如上人伝記編纂所編纂『明如上人伝』（明如上人廿五回忌臨時法要事務所、一九二七年）。ただし、近年の研究成果を踏まえた『増補改訂本願寺史』第三巻が現在編纂中である。
(29) 『教海一瀾』第七二〇号（一九二六年七月）掲載「明如上人伝編纂に就て」編纂委員上原芳太郎氏謹話、「広告」、「本山録事」。
(30) 『宗政史料』の内容は、明治元（一八六八）年から大正十四（一九二五）年の一柳知成事務総長時代にまで及んでいる。総頁数八百余り（但し空白の頁もある）で、水谷寿の調査だけなく、網田義雄による調査のものも含まれている。
(31) 前掲『明如上人伝』第三章中の二宗主勤王の直諭、六御幸橋架設、七王政復古と三門跡の活動、一一献金。
(32) 前掲『明如上人伝』第六章中の三維新前後本山の財政整理。
(33) 中西直樹「近代西本願寺教団における在家信者の系譜――弘教講、顕道学校、そして小川宗――」（福嶋寛隆編『日本思想史における国家と宗教』上巻〈永田文昌堂、一九九九年〉）。
(34) 徳重浅吉は、両派の献金額に大差はないが、呰営関門道営・太政官札と正金との交換などを含めると本願寺派の負担はきわめて重く、そこには政府側の高圧的な要求があったと推測している（『維新政治宗教史研究』第九章第二節　戊辰戦争・献金・教導〈歴史図書社、一九七四年〉）。
(35) この点に関しては、中西直樹著『植民地朝鮮と日本仏教』第一章（三人社、二〇一三年）を参照されたい。
(36) 前掲『明如上人伝』第五章中の二本山改革運動の開始。
(37) 中西直樹「明治前期西本願寺の教団改革動向」（京都女子大学宗教・文化研究所『研究紀要』第一八・一九号、二〇〇五年三月・二〇〇六年三月）。
(38) 干河岸貫一「書窓漫題」（福島県田村市大乗寺蔵）。
(39) 疑獄が表面化していく過程については、中西直樹著『日本近代の仏教女子教育』第Ⅱ部第二章（法藏館、二〇〇〇年）で論じた。
(40)(41) 石川舜台著『本願寺宗政論』（四）（一九一五年）。

(42) 大谷大学真宗総合研究所、真宗本廟（東本願寺）造営史資料室編集『真宗本廟（東本願寺）造営史――本願を受け継ぐ人びと――』（真宗大谷派宗務所出版部、二〇一一年）。
(43) 木場明志は明治の両堂再建が遅れた理由について「徳川幕府との関係が途切れたこと、明治維新政府との新しい関係を構築するのに年数が必要であったこと」を挙げているが、再建のための募財方法の創出と混乱も加えるべきであろう（「近世東本願寺造営史研究から見える諸課題――徳川幕府治世下の東本願寺造営――」〈『印度学仏教学研究』第五八巻第一号、二〇〇九年十二月〉）。
(44) 教士・女教士の制度創設の歴史的背景とその意義に関しては、中西直樹「真宗布教近代化の一断面――本願寺派「特殊布教」の成立過程を中心に――」（中西直樹・近藤俊太郎編『令知会と明治仏教』〈不二出版、二〇一七年〉）で論じた。
(45) 「五十年前の西本願寺（五）」七十九翁　松田甚左衛門（大正四年三月十二日付『中外日報』）。
(46)(47) 『明治建白書集成』第四巻、五八九～五九〇頁（筑摩書房、一九八八年）。
(48) 大谷派内部史料から、大教院分離の教団内部の動揺は、廃仏毀釈時をはるかに超えるものがあったとの指摘もある（熊野恒陽・上杉議麿「園林文庫明治五・六年建白書――教部省体制と大谷派――」〈『真宗総合研究所紀要』第一一号、一九九三年〉）。
(49) 集会開設に至る経緯は、福間光超「西本願寺教団における公選議会の成立について」（二葉博士還暦記念会編『仏教史学論集』〈永田文昌堂、一九七七年〉。のちに福間光超『真宗史の研究』〈永田文昌堂、一九九九年〉所収）を、集会開設後の動向については、註(29)掲出中西論文を参照されたい。
(50) 一八八二年九月七日付『教海新潮』。
(51) 千装近次郎著『東本願寺御騒動記』（秋山堂書舗、一八八二年）。
(52) 一八八二年九月七日付『教海新潮』。
(53) 一八八二年九月二十七日付『教海新潮』、前掲『東本願寺御騒動記』。
(54) 「三タヒ東本願寺ノ改革ヲ論ス」（一八八二年十月十五日付『教海新潮』）、前掲『東本願寺御騒動記』。
(55) 前掲「西本願寺教団における公選議会の成立について」。

(56) 一八八二年十月一日付『教海新潮』。
(57) 「寺法編製会議録」(『本願寺宗会百年史』資料編中巻〈浄土真宗本願寺派宗会、一九八一年〉)
(58) 前掲『本願寺宗会百年史』資料編下巻、三七頁。
(59) 「五十年前の西本願寺（二八）」七十九翁　松田甚左衛門（大正四年四月十日付『中外日報』)。
(60) 「改革請願者ノ挙動」(一八八三年三月十三・十五・十七・十九日付『教海新潮』)、「請願始末抄録」(一八八三年三月十三日付『教海新潮』)、「改革請願者の始末」(一八八三年三月十七・十九日付『教海新潮』)。
(61) このときのことを石川舜台は次のように回想している（「青年時代の石川舜台　石川舜台自叙伝」〈一九二四年五月十八日付『中外日報』〉)。

「その時わしは京には居らなんだけれども、何でも山階宮様が興正寺へ出て来て、その法主に会うて、それで東本願寺が徳川の味方をするといふ評判があるが、どうじやらう、と云ふ相談があつたらしい。そして興正寺の摂信といつた法主が、そりやそんな事はある筈がない、自分が先へ本願寺へ行つてその意味合ひの話をするから、程を計つて御出でになるがよいと云つて、それで宮様も来たんじやな。その時には何でも宮様は甲冑で武人の風で来られたんじや、……よほど疑はれてゐたもの見える。何しろもう直ぐにも征討軍を差向けるといふことじやつたが、然し、これも本願寺を目方を大きう見てゐたのじや。何しろ山階宮様と法主の細君と兄弟であつたから、自分が親しいから行くといふて出かけて来られたといふことじや。それで若し朝廷に背くといふことであつたなら、法主と刺し交へて死ぬなんどいふことを言ふて来られたじやさうな……」

(62)(63) 註(35)参照。
(64) 菊池寛「本願寺異変」(『菊池寛全集』第一巻収録〈高松市菊池寛記念館、一九九三年〉)、初出は『キング』一九三五年五月号。
(65) 前掲「西本願寺教団における公選議会の成立について」。
(66) 『中央学院八十年史』六一～六二頁（学校法人中央学院、一九八二年)。

第一部　史料

明治維新以後に於ける大谷派宗政の変遷（一）

今吾人は右の題下に於て叙述せんとするので有るが、夫れに就て一応明治の当初、伏見鳥羽の戦を想起して、当時の洛中本願寺の状況を記さねばならぬ。

一

砲声裡に於ける洛中並本願寺

時は是れ皇歴二千五百二十八年（西暦一八六八）戊辰明治元年（九月八日改元）一月三日徳川慶喜は上奏して薩藩を討たんとし、兵一万五千人を引率して、二道より京都に進んだ。一軍の督将松平豊前守は、五千の兵を以て鳥羽に向つた。先鋒は桑名の兵である。鳥羽を守る者は薩長土の兵であつて、総数凡そ二千人、薩の督将は島津式部、参謀は吉井友實、中原猶介である。長州の兵は林友幸これを指揮し、土佐の兵は山田喜久馬、吉松連之助が隊長である。陰晴不定の此日の京の街は、やがて来るべき市街戦を予想して薄気味悪いものが有つたが、それが早くも晩陰に及ぶ頃には殷々たる大砲の音を聞くに至つたのであるから、人心は極度の不安を感じ、市中は実に騒然たるものが有つた。夜に入つて会津、桑名の兵士等の敗走して京に避乱する者が有つた為め愈々危険を加へた。当時の法主厳如上人、新門主現如上人は、一時山科へ立退かせられたが、子刻頃騒擾大変に付き御機嫌御伺の為め急遽参内遊され、参与長谷三位より、「早々参上神妙叡慮之旨被仰下」の趣きを承けられた。

四日同じく参内、五日又参内せらる。此日戌半尅の頃であつた、山階宮の先御使が有つて夜陰乍ら御成遊ばさるべき旨が伝へられ、早々御入ならせられた。此時の宮殿下の御着込は小手脚当白陣羽織額巻両佩刀、扈従の高野少将は、立烏帽子鉢巻佩刀の御姿であつた。花の間（門主の居間）にて両門主に御面会の上仰せ聞けらるゝに「朝廷にては西門主は勤王、東門主は佐幕と御眺め候に就て、薩州より此山焼払ふべき議定あり、されど私には縁合であり（厳如上人の御裏方は宮の御令妹なり）公には若し然らば海内の門末沸騰して、如何なる変動の起るやも計られず、弥々朝廷の御苦慮筋と成ては恐入る次第故、門跡に於て尽忠報国の志有らば、早々に一紙の誓書を差上ぐべし。予是れより参朝して執奏申上げ、讒者の舌頭を断ち薩長の疑惑を解くべし」と云々両門主大に畏敬して即席に誓書を差上ぐるに、亥尅頃宮殿下には御還遊された。右の事情によつて当派本願寺は山階宮によつて戊辰の災厄を免れたので有る。而して薩長の兵と幕府の兵とは乾坤一擲の戦を為したが、四日既に薩長の勝利疑ひ無きに至つて、錦旗を下し嘉彰親王を征討大将軍たるに奏請せられたのである。

此間当派より一月三日には金壹千両を朝廷に献じ、十日に又金壹千両を献じ、八日には官軍の糧米を募る為め、厳如上人自から近江路へ発足せられ、二十五日更らに両門主各々路を分つて江濃尾参を巡化して、米四千俵、金五千両を朝廷に献じ、四月三十日には金五千両を、別に又金壹千両を献納せられて、尽忠報国の実を示されたので有る。

御征東の詔は下され　聖上の御発輦を見たのであるが、静岡に於ける山岡鉄太郎、西郷隆盛の会見によつて、平穏の裡に、四月十一日には勅使江戸城に入り、城地授受の式が行はれ、八月二十七日には天皇即位の大礼を挙げさせられた。是れより明治新政府の基礎は着々として固められ、宗門又諸般の上に一大革新を断行せねばならぬ機会に遭遇したので有る。

二

維新当時の本山事務

今史料に依れば、当時の本山事務組織は次の如くで有つた。

法務　院家堂衆を以て司らしむ。

俗務　家臣所謂寺侍なる者をして一切を担当せしむ。

　上位を坊官家老と称し

次を家司と呼び

次を用人と呼ぶ

　年々交代を以て任に当らしむ

右の如き組織を以て、遠くは全国一万余の末寺、百万余の門徒を総理し、近くは、魚棚以南七条以北新町以東鴨河以西に於ける寺領及び家臣等を監督せしめ、行政司法の特権を有し、宛然一個の諸侯の如くで有つた。故に幕府の大権を以てするも濫に其権限を侵すことは出来なかつた。然し乍ら明治維新の大勢は過去の永き旧衣を脱がしめて宗門にも亦た新らしい装いを必要とせしめた。而して追々に其の準備行動が開始せられて行つたので有る。

三　宗政革新の道程

明治元年五月二十九日諸事御取締に付て、寝殿に於て両御門主の御直命並御書立の御披露が有つた。下間治部卿は左の御書立を拝読した。

「王政御一新ニ付テハ兼々被仰示候通リ僧俗一同王法ヲ本トシ仁義ヲ先ト致シ候ノ御宗掟ヲ猶更可被守別シテ当春已来御行化ノ御趣意皇恩天恩ノ程ヲ能々相弁ヘ候様トノ御教示ノ趣キ無忘却其身々々ノ出離ノ一大事安堵ノ上ヨリ猶更勤王ヲ専ラト相心得可申候事去亥年御直命ヲ以テ親シク御教育被成下候得共兎角御膝元僧分ヲ始メ動モスレバ四海昇平多年ノ恩沢ニ浴シ肉食妻帯ノ御宗風ニ泥ミ剃髪染衣ノ姿ヲ令忘却料店ニ立寄或ハ婦人ニ狂ヒ放逸無慚ノ族有之趣言語道断ノコトニ候此折柄道中婦人同伴ノ義ダニ遠慮可有之コト右等ノ御不取締ヨリ御一家ノ御恥辱ヲ引出シ候時ハ獅子身中ノ虫破法ノ大罪人ニ候ヘバ向後改心無之ニ於テハ仮令身柄ノ面々タリトモ無容赦急度厳重ノ可被及御沙汰候事。

一、別条御直書ノ義ハ偏ニ報国ノ御志ヲ御門末一同ニ告聞セシメ猶又護法ノ思召ニヨリ御門末僧分ノ行状ヲ正シクシテ他ノ嘲ヲ招カザル様如法篤実ニ学問研究被有之度尊慮ニ候ヘバ面々申合法義ヲ精錬シ一際学業ヲ相励シ弥々我執ヲ振舞ハズ御教導被為行届候様出精可有之候事。

一、近来驕奢ニ押移リ国家ノ遊民ト外難モ有之哉就夫今般御一家ノ僧衣復古可被為在之思召ニ候ヘバ猶追々被仰出候間被得其意候テ質素ヲ専一ト可致候事。

一、御末寺旅行帯刀ノ義ハ先前ヨリ御訳柄有之依用致シ来リ候ヘ共当時御一新ノ折柄他ノ見聞モ不宜候間已来旅行帯刀ハ勿論平生タリトモ僧分不似合ノ衣服等着用有之間敷成丈質素節倹ヲ相守リ寺務ノ本意無忘却常々冥加ヲ可存候事。

右ノ通リ被仰出候ニ付テハ近々度々ノ御大変ニテ兼々仰示シ候コト共モ自然ト相弛ミ言語道断不可然旨達御聴今般改テ件々被仰出候コトニ候ヘバ已後先前ノ旧弊ヘ不立寄様一分一分ニ急度被仰渡候間御門末ノ面々ニモ心得可有之候事」

又同年六月十七日御勝手向御取締に付き諸事御取締の条々が仰せ出された。

「今般御取締被仰出候ニ付テハ御法務ノ外已来御慶事御祝儀向等ハ御取締中御内外共御引延ノコト。

一、諸役料ノ義御取締中ニテ不被下候別段出精相勤向ハ格別ノコト。

一、諸番所ノ内是迄夜扶持被下候分已来不被下真ニ徹夜致シ候向ハ格別ノコト。

一、諸国御使僧並講者御差向ノ節道中歩行成丈手軽ニ可相心得候コト但シ諸国ヘ御使罷出候向モ御同様相心得可ク候コト。

右ノ通リ被出候コト。」

十一月五日更らに御取締の仰出であつた。

「今般厳重ナル御取締ニ付キ左ノ通リ被仰出

一、花ノ間御方御居間御〆切南御坊ハ御移シ御取縮被遊候事。

一、両門様御始メ猶更綿服御依用被為候御事就テハ去五日御家中ノ輩曠之節ハ是迄通リト申達置候ヘ共向後ハ曠ノ節タリトモ綿服ニ限リ可申候事自然不心得ノ者有之候節ハ急度御沙汰被遊候事。

一、御台所都テ役席ヲ始メ悉皆小仲居ヘ御移シニ相成リ御取締ノ事仍之向後大仲居ト申ス義ハ御廃止ニ相成候事。

右ニ付是迄ニ御仮建ノ分御取払学寮へ御下渡シ御法場御補修ニ相成候事。

（御法場は明治元年七月九日高倉上馬場に設置せる外教研究の学舎にして学事史料として別に記述すべきもの今これを略す）

前件ノ通リ先ヅ不取敢仰セ出サレ候事猶追々御取締之義御沙汰可被為在候事」

其二、

「今般厳重御取締ニ付御家中重役始メ妾女召使候儀驕奢ニ相当リ見聞モ不宜候間向後不相成旨被仰出候事乍去妻縁有之テモ家督無之歟又ハ最早小児出生ノ分ハ其儘御差置候故精誠質素心得可申不然者妾女召使候義不相成旨別テ被仰出候事。

一、都テ役々ニ於テ賄賂ヲ請ケ候義不相成旨毎々御沙汰有之殊ニ例月御書附ニ以思召書御示被為仕候処兎角猥リニ相成候哉ニモ相聞不束ノ至リニ候今度御取締仰出サレ候上ハ向後急度相守リ仮令聊カタリトモ賄賂間敷贈物請候抔相聞候ハヾ直様役義被召上品ニヨリ御暇ニモ可相成候間兼テ相心得置可申事。

一、今般御取締ニ付御末寺講中ノ中ニテ目附被仰付御家中行状暮向等善悪共可及候上一同為心得兼テ申置候事」

二十七日には御取締に付き爾後被下物半減に可致旨が達せられた。

「御達、

今般格別御取縮都テ御省略被為在候へ共従来多端ノ御借財殊ニ当時ノ形勢諸色高価ノ時節旁々以テ御相続向必至六ヶ敷仍テハ御扶持向迚モ被為行届兼当時節御慈愛モ被為欠甚以御心痛被為遊候御事ニ候へ共無御拠先家司用人始メ役々面々被下物都テ半減被仰付候間此段相心得此上精々節倹ヲ相守如何様共取凌可申旨被仰出候事

但シ御達通ノ次第柄ニ依リ臨時思召モ可被為在之候事。

二十九日又更らに重ねて御直命御書立有らせられた。

「御書立、

先般従朝廷格別ノ以御沙汰門末教育ノ義厚被仰付候処当節御本山ノ義ハ先年已来数度ノ御類焼故荏苒種々ノ弊風差起リ今ニ至リ急度旧弊御改正被為在度思召ニテ去五月御門末一同ヘ御書立並御廻状ヲ以テ被仰渡候ニ付テハ追々御家政向厳重ノ取締別シテ此度格別ノ御取縮ニテ両門様御居間向都テ御〆切乍御狭少悉皆奥向ヘ御移シ是迄ノ御台所ヲ始メ御仮建ハ護法場ヘ御修理被遊下専ラ修学研究被励度ノ処誠ニ従来ノ御難渋殆ド御危急ノ場合ニテ両門様始メ綿服ヲ御依用被為仕候ニテ家司用人始メ面々被下物都テ半減右ノ次第ニ付キ末々ニ至ルマデ勤向等万端急度被御示則チ御末寺講中ノ中ニテ目附役被付諸事可言上候様トノ御事共爾ルニ諸色高価未曾有ノ折柄殊更ラ従前ノ御次第ニテ日々御暮方ノ御差支ニ相成リ其上諸国門末ノ疲弊邪教ノ潜入難斗時節御本山御相続向御不換通リニテ従朝廷被為蒙御沙汰候門末教育ノ義モ若シ難行届哉ト深ク御通慮被為在候御事ニ候右御趣意ノ程各々奉得何分御安慮被為在候テ御教育被行届度ク頼ミ思召従之朝政御一新ノ節猶更門末心得方左ノ通リ。

一、朝夕天恩ノ御浩恩忘却致間敷事

一、切支丹宗門御国禁ノ義堅ク相守可申事

一、其領主地頭ヘ対シテ廉略ノ義有之間敷事

一、諸神諸仏共必ズオロソカニ致ス間敷事

一、内心ニハ他力ノ信心ヲ深ク貯ヘ候事可為肝要候事

一、仁義忠孝ノ道厚ク相守可申事

一、御門末ノ内御名正シカラザル御本尊御名号等安置致ス間敷事

一、僧侶一同我慢勝他ヲ先立万事不正ノ挙動有之間敷事
右八ヶ条ヲ以テ御教育被仰渡候是レ全ク兼ネテ被仰御示候通王法ヲ本トシ仁義ヲ先トシテ内心ニハ一念帰命ノ他力安心ヲ決定シ偏ニ法義相続有之候テ専ラ護国ノ本意ヨリ教育尽力油断有之間敷旨被仰出候事」

斯くの如く頻々として御取締の事が行はれた。生れ出づる者の為めの悩みとも看られる未曾有の時機に遭遇して、宗政の組織と其運用の改正とは宗門の将来をトする処の大事である。乍然一時の弥縫策を以て納まり得られるか、吾人は今暫く後ちに待たねばならぬ。

かくて国家にとりても宗門にとつても偉大なる年、明治元年は暮れて行つたのである。

（『真宗』第三七二号、昭和七年十月発行）

御依頼
明治維新以後に於ける宗門史料並御助言有之候はゞ御知せ下され度く願上候
本山内大谷派宗史編修所　水谷　寿

明治維新以後に於ける大谷派宗政の変遷（二）

寺務所開設の機動く

翌くれば明治二年一月である。世は改元されて月尚ほ浅い。薩長土肥の四藩主は連署して、版籍奉還を議定し上

表した。続いて三百余藩の諸侯も之れに倣つた。而して府県郡制が行はれんとして、政府治政の機構も漸々に整備しつゝ、ある時、我が大谷派本願寺の宗政上にも、一大転換の機運が醸成されていつた。先づ三月十四日には寝殿に於て僧俗和合護法致すべき旨の御直命が有り、二十日には愈々衆議所を開いて僧俗の衆議を採用さるべき旨の御達が出た。是れ後年寺務所としての前提であり前身ともなる。

御達

今二十日ヨリ於御殿衆議所ヲ被開役々ヲ始メ、護法所諸国法中並講々迄打寄御為方ハ勿論形勢ニ付テハ自分々々心得方等ヲモ銘々申示し候様被仰出候ニ付御家中ノ面々高下ヲ論ゼズ御為筋且ツ心得ノ旨無縁慮衆議所へ罷出可被申上候衆議上御採用可被遊候但シ他聞ヲ憚ル議ハ目前へ罷出其筋へ竊カニ可被申上候尚御台所御門内ニ目安箱モ差出シ候間書取ニ致シ差出スモ不苦候事。

六月二十三日には、旧弊洗除の御直命並御趣意書が布告された。

御直命

方今ノ形勢一宗ノ教示勤王護法ノ道不相立加之外教侵入候テハ実ニ一山ノ職掌ニ拘ハリ殊ニ先達テ朝廷ヨリ門末教育ノ義厚ク御沙汰ノ趣モ有之候ヘハ等閑ニ差置キ難ク予深ク之ヲ苦心ス門末モ其意ヲ体認シテ旧弊ヲ去リ誠心ニ尽力シテ共ニ法灯ヲ明輝セズバアルベカラズ固堅ケレバ末自ラ栄ユ当山ニモ一新ノ折柄ナレバ何レモ祖廟大事ノ思ヒヨリ面々ノ忠勤申述ブルヲ相待ツ態ト布告ニ及ブモノナリ

御趣意書

今般宇内一新ノ形勢ニ付キ御本山モ旧弊ヲ御一洗一宗ノ儀範堅実ニ被為建勤王護法ノ御職務御貫徹被為在之度思召候然ル処此時ニ乗ジ邪教侵入時ニ蔓延ニ及ビ候事御宗門ノ大患眼前ニ遮リ御痛心ノ御事ニ候斯ル重役ヲ被為荷候折

柄御門末ノ面々豈傍観シテ因循ニ日ヲ送ルノ時ナランヤ云々（下略）

以上の如く衆議所を開設して、一般の衆議を容れ旧弊洗除の御直命を下し賜はつて、宗門維新の認識を高調し内外異状の緊張裡に宗門の活路と其の安泰とを上下等しく希つたのである。

七月十九日には、更らに諸役身分三局制の御達が出るに至つた。

御達

今度御家政向御一新被仰出諸役身分三局（講学、法学、事務）九等に被為分簡約ニ御法令被為立候間各敬承有之向後尚更無怠惰上下一和上被為抽忠節候様被思召候事

一、名称ノ等級別紙ノ通リ御沙汰候間各大切ニ精勤可有之候事

一、諸役席一六休日ノ事但シ日番公用人管事納戸方小納戸小納所印場会集場参事右一人宛昼迄出勤ノ事

一、同勤ノ輩巳刻無遅ニ出勤可有之事

右被仰出候事

巳七月

尚寺務局役席の次第を見るに次の如くで有つた。

一等　宰制、

二等　節制、家知事、大監察、公議人、節制副、会計監察、

三等　市宰、監察、公用人、家管人、納戸会計事、内管事、寄合取締、御堂方、集会所、法用人、三輪番、会計監察、

四等　作事方、小納戸、上納所、公謁者、近習、内直、参事、会計副、御印場、小奏者頭、諸輪番、法使事、法

謁者、集会者、使令司、台所方、
五等　給長、仲居、右筆、小奏者、茶道頭、作事付属、
六等　公謁者付属、作事付属、門吏、市宰、茶道、仏師極印、
七等　台所方、書記、公謁者付属、小吏、徒士門吏、作事付属、小給吏、市宰定後、大人組、押組、給使、
八等　銭頭、下部、火番、
九等　小卒、走卒、

役席支配

宰制支配　節制、家知事、公議人、大監察（以上二等）市宰、監察、公用人、会計司、家管事、内管事、寄合頭取、法用人、御堂方、集会所、三輪番（以上三等）小奏者頭（以上四等）給長、小奏者（以上五等）
節制支配　作事方、小納戸、公謁者、近習、内直、上納所、御印場、参事、会計副、諸輪番、御堂僧（以上四等）右筆（以上五等）筆吏（以上六等）
市宰支配　調役（以上六等）定役（以上七等）守牢、捕亡牢（以上九等）
公用人支配　茶道頭、作事付属（以上五等）公謁者付属、茶道、小監察、門吏、作事付属（以上六等）徒士門吏、十人組、小監察、門吏、押組、書記、小給使、作事付属（以上七等）
会計支配　仲居、小出シ方（以上五等）台所方、書記方（以上六等）台所方、書記方、小吏、仏師極印（以上七等）
給長付属　給吏（以上七等）銭頭、下部（以上八等）小卒（以上九等）
かくて九月三日には、摂光院を挙用して御政事御聞役とし、下間頼世を退けられ、宰制役には願證寺（顔容院）、

願得寺を、会計兼節制には宇野宙八を（但し本人より御断り申上ぐ）節制兼家知事には尾崎半左衛門を仰せ付けられたので有つた。尚ほ思召に依て役義御免となつた者には頼世、頼一、元継（以上二等）三右衛門、三郎兵衛、源左衛門（以上三等）加談御免の者に慈等、徳全、七郎兵衛、大八が有り、何れも寄合席を仰付られた。

かくの如く衆議所は開設され三局九等の職制と機関とに依つて、宗政一新の実を挙げんとしたので有るが、其間情実が有り、実権は旧家老旧家臣の掌中に依存するものが有つた。遮莫十二月二十一日には更らに人減に付き商事に従事し御暇乞等可為勝手旨の御達も有つて、早くも此の年も暮れて行つたので有る。

明治三年は我大谷派の多事なる年であつた。即ち二月十日時の新法主現如上人が勅を奉じて、北海道開拓の大事業を達成せんが為に出発せられ、七月七日函館に到着あらせられた。日本海に於て暴風雨に遇ひ、又弘前の地に於て泉坊の死去したのも此時で有る。又此の三年の年には政府は庶民に氏を称する事を許された又一面此の年辺りより神仏判然の勅（元年三月）を曲解して、廃仏毀釈の暴戻を敢てせんとする気勢が各地に起りつゝあつた。但だ宗政の上には何の変化も無かつた様である、而して三年は過ぎた。

明治四年である、吾人は此の年に於て宗政史上忘れてはならぬ幾多の事件を見る。

仮寺務所の設置

此年八月十六日仮寺務所設置の旨が達せられた。

御達

今日ヨリ仮寺務所於小松間御開キ相成候間従前御寺法向ノ義ハ都テ同所へ伺出候事

尚、八月二十日霊寿院殿事務所執当被仰付

二十一日　世雄院事務所執事被仰付
九月四日　願得寺執事被仰付
更らに九月十日寺務執当へ御染筆を以て仰出された数件が有る、是れが後来寺務所発展の礎石を成すものである。
一、執当ハ従前如奏者寺法向総テ取扱可申事
一、執事ハ執当ニ準シ総テ寺向取扱事
一、末寺諸願事故障差縺レ等総テ執事勘定ノ上一執当へ差出シ一々指揮仕事
一、御影籍上書並印書執当可致役名事
一、奉願染筆寺務所可取扱事
一、諸事申訳ノ義ハ近習頭出シ可申候
一、御堂初メ総テ寺法伺従前鶴ノ間申出候義ハ執当へ可申出事
一、志納所内骨帳面日々執事ハ差届ノ調印ノ上可申事
一、僧侶ノ役向人撰ノ義ハ執当ヨリ可申出事
一、集会所用洩ノ義日々執当へ申出諸役へ令通達候事
右ノ通リ自今心得可申事
辛未九月
斯くして来るべきものは遂に来ねばならなかつた。久しい宗政上の悩みで有つた本山寺務の改革は、此の九月十日の御親定の事務章程に基いた。そして従来の坊官制度は全く崩壊し、茲に新しく本山寺務所の開局を見るに至つたので有る。

一新されたる本山寺務所の開局

十月一日新制度の下に新陣容を以て、本山寺務所は開局された。此時初めて任命された人々は次の如くで有つた。

議事、法因寺、養源寺、永順寺
幹事兼納戸、浄慶寺、等観寺、円重寺
同　　宝受寺、本福寺、本龍寺

法因寺とは渥美契縁、永順寺とは石川舜台、等観寺とは阿部慧行、円重寺とは鈴木慧淳で有る。

扨て吾人は今少しく此の辺りの事情を詳しく述べてみたい。抑も此の開局により先き法因寺契縁、永順寺舜台等護法場に在り、洛陽円重寺慧淳、等観寺慧行等と謀つて本殿の弊政を改正せんとして議する所が有つた。偶々七月四日の事である。坊官及家来三代以上の者士族卒の等級を分ち京都府貫属として、朝臣たるの指令が有つて、従者をして寺務を執らしむるべからざるの命が有つた。是に依つて霊寿院殿を執当に推し、真宗寺朗雲願得寺達英を執事とし、契縁・舜台・慧淳・慧行を議事とし幹事として、稍旧弊を一新する事が出来た。

而て是等革新の事は絶好の機運を把握し得たに依る事乍ら、其の熱意と護法の赤心とは、明治元年七月九日外教研究護法愛宗の機関として、宗門学事史上の異彩たる高倉上馬場の護法場に培はれて宗政一新の原動力となつた事は争はれざる事実で有る。此の護法場の総轄が闡彰院東瀛で有つた。恰も彼の松下村塾が維新政府英傑の揺籃で有つた如く護法場は宗政一新の諸公等が揺籃で有つた。而も闡彰院は正しく松下村塾に於ける吉田松陰で有つたので有る。

偉大なる犠牲

闡彰院東瀛は空覚と云ひ、山城国伏見西方寺の住職で有る。擬寮司となつて文政十年高倉学寮に草木成仏義を講じ、嘉永二年十二月二十三日擬講に進み金牌論を講じ、慶応元年正月二十九日嗣講となつた。願々鈔散善義玄義分を講じた。又弘化嘉永の間能登長光寺霊崎頓成の異安心唱導の時に当り、これが調理者の一人に加はつた。偶々此事件が公儀の裁断を仰ぐに至る程に騒乱し、御咎めを受る多くの人々を出した。闡彰院又御咎めを蒙つて長く伏見風呂屋町の自坊に蟄居する事となつた。此間幾歳専心唯書見にのみ余念が無かつた。

斯る間に世は明治の聖代に復へつた。宗門又勤王の大義を奉じて両門主東奔西走あらせらるゝ時で有つた。元年一月十日大法主厳如上人勤王の大義を門末に伝へ、又官軍の糧米を勧誘せんが為めに自から御黒衣御草鞋にて近江路へ発足あらせられた。此時此行に随つた所の白眉の一老僧こそ、それは闡彰院東瀛で有つた。同年七月九日護法場開設さるゝに及んで其の総轄となり、更らに明治四年十月一日従来の坊官制度を廃して、寺務所を開局し、宗政史上新局面を打開するに当り、闡彰院最も才幹あつて改正の事務に尽した。乍然これが為め旧臣の怨府となつた。

十月三日秋雨そぼ降る夜半の事、劔先寮（嗣講寮）に三人の刺客が入つた。袂落しの提灯を引下げた賊は侍者の小僧を脅迫した。二人の賊は闡彰院の居室に進んだ。剣光一閃刀影長く引て遂に闡彰院は暗殺されたので有る。享年六十八、自若として端坐した形容は少も崩れず、落された首は笑めるが如くで有つたと云ふ、翌朝急を本山及官辺に報じた。此日本山より講師を贈つた。然し賊徒は終に捕縛されなかつた。雄魂空しく恨み永へに長しと云はねばならぬ。闡彰院の死、それは我が大谷派が宗政一新の際に於る最も高価な犠牲で有つた。彼の十二月二十七日二十九歳を一期として、三河に殉教の血潮を流した常心院台嶺と共に宗門者の長く忘るべからざるもので有らう。斯くて明治四年の下半期は腥風悲雨の裡に過ぎた。

明治五年となつた、此の歳は日本国民が一様にチヨン髷を落した断髪令の出た年で有る。過去数百年間貯へ来つた緑の黒髪を断つて所謂モダンなお姿になつた年である。乍然随分惜別の情を禁じ得なかつたで有らう。

三月一日執当霊寿院殿は退役遊ばされ應正院殿が執当に補せられ執事を兼ねる事に仰付けられた。

槇村京都府知事と改正掛

闡彰院害に逢ふてより契縁舜台等が諸事の寺務に従つて居たので有るが、旧臣堂僧等の妨害甚しく何等の意見をも述る事が出来なかつた。遂には役務を退くに至つた。そこで爾後両人は相謀り飛驒の願生寺慈孝、洛陽円覚寺順明、願隆寺大船を誘つて時の参事槇村正直の邸を叩いて本山の弊政を陳述し、改正保護を加へん事を請ふた。槇村知事は之れを快諾し、法主殿に進言するに改正掛を任命して寺務の実を挙ぐるべきを以てした。かくて三月十一日遂に改正掛五名が任命せられたので有る。
法因寺契縁円覚寺順明願隆寺大船永順寺舜台願生寺慈孝
右五名改正掛被申付候事
三月十一日

御依頼
先年来明治維新以後に於ける各方面の宗門史料蒐集に専任し各位の御助力を忝け無くし粗々概観を得るに至り候へど更らに詳細に集成致し度く候に就ては何方面に拘はらず史料の御貸与並提供に預り度く宗門の為め願上候
本山内　大谷派宗史編修所　水谷　寿

（『真宗』第三七三号、昭和七年十一月発行）

明治維新以後に於ける大谷派宗政の変遷（三）

改正掛と京都府庁

前述の如く、明治四年十月一日御親定の事務章程に基いて、一新されたる本山寺務所の開局を見たのであるが、旧臣堂僧の妨害が甚しくて何等の意見をも伸ぶる事が出来なかつた。斯くて遂に時の京都府知事槇村正直邸を叩いて改正保護の事を請ふた。舜台、契縁、慈孝、順明、大船等の運動は効を奏して、法主殿に対する知事の進言となり、明治五年三月十一日法主殿より改正掛が任命さるゝに至つたのである。即ち法因寺契縁、円覚寺順明、願隆寺大船、永順寺舜台、願生寺慈孝の五名で有る。

以上は前回に申し述べた処である。かくて五月朔日大広間に於て寺務所は開かれたのである。開局の式が行はれ速悟院執当より一同への演達が有つて祝酒を挙げた。

速悟院執当の演達

今日より大広間已前寝殿於麝香間寺務所御開に相成り猶其外寝殿番所並御広間等にて納戸方西蔵勘定所招請方応接場並極印所御末寺願書記所等夫々役席御設け今日役々習礼有之御上御出座局員一同へ御意被成下猶又御祝酒被下尤掛り講頭中罷出候事何れも恐悦難有頂戴仕候事則明二日より御開局に相成候事

将、局中役員夫々へ月給手当可賜下旨之享

　次いで十七日定役規定改正のことが発表された即ち

一三等定衆義先達より定役と御改則此度御改正に付被仰出件々如左

御改正の件

一、諸届対物の義向後凡て御廃止の事

　但し入座料同断

一、定役諸伺は執当執事職は参上可被致候事

尤常上首右可為同様事

但し五ヶ寺衆たりとも役外の義は直達の間へ参上の事

一、免許物御恩免物御用済に相成候節は執事所より定役へも為心得相達候事

一、直達物免許物御恩免物御礼物の義は直達の間に於て執事へ差出可申事

但し菓子料被献物等の義は已来度支長へ差出可申事

一、別助音免許直達の間に於て執事より相渡候事

一、直達地にて未直達の向諸願差出し方向後は本人より幹事へ差出可申事

但し名代を以て願出の節も同断
右の通りに候間此段相達候事
　壬申五月十七日
　　　　　　　　　　　　　　　以上
二十六日執当霊寿院の御病気は全快し此日より速悟院と代つて、出仕せらるゝ事となつた。そこで七月八日には霊寿院勝縁（大通寺）に東本願寺改正掛総長を京都府より申付られた。尚此時円覚寺順明、願隆寺大船の二名も京都府より改正掛として、任命を受けたので有る。即ち
　　　　　　　　　　　　大通寺勝縁
東本願寺改正掛総長申付候事
　但事務取扱之義者万端改正掛可申合候事
　壬申七月
　　　　　　　　　　　京都府
　　　　　　　　　　　　円覚寺順明
東本願寺改正掛申付候事
　壬申七月
　　　　　　　　　　　京都府
　　　　　　　　　　　　願隆寺大船
右同文
　従来は府の内命を以て、改正掛を仰付けられたのであるが、今回は更らに京都府庁より改めて御達になつたのであつて、「已来官員同様に候間不心得無之様相達候也」とあるに依つて見ても、寺務改正の困難であつて、妨害があり、不服者の有つた事が窺はれる。されば一方是等の任命に先立つて二月二十七日府庁より右の如き御達があつ

た。

御府庁御達

川那邊三郎兵衛
磯　邊　眞勇美
石原　源左衛門
藤　井　　衛
松　尾　　享
福永九郎助
清　水　勇　治

右其寺より拝借罷在候処自今差止候事
　壬申二月　　　　　京都府

更らに二月晦日同じく府庁よりの御達があった。

御府庁御達

七人連名前同断

右之者共従来於其寺師檀之因雖有之寺務に関係候義者差止候条此旨可相心得事
　壬申二月　　　　　京都府

又四月五日四名の堂僧に対して、御達があつた。

御府庁御達

泉龍寺　祐義
仏現寺　了瑞
本福寺　智令
長安寺　慧證

右之者共其役寺に召遣候義差止候事
但改正に関係致候義も堅差止候事
壬申四月　　京都府

八月五日拝借の士族卒十三名を総べて返上し、而して其中四名を拝借し、又雇入れ九名を総べて返上し、更らに其中六名を雇入れるに付て拝借願を府庁に差出した。今御府庁の御附紙の写に依ると、

書面粟津元亨下間頼穆を除く外拝借之義聞届候事

拝借人　私事掛兼改正所出仕　浅井庶政
私事掛　松井元良
野崎参吾
井田政一
雇入　宮地岡之助
打田萬右衛門
吉田綱太郎
宮谷三平

伊藤順蔵
浅野蓜齋
（以上）

八月十七日顕明院執当助勤兼執事に任ぜられた。此の日太政官達によつて、従前の僧官が廃止されてゐる。

八月二十二日従来の堂僧に対して、改正の申渡があつた。今其の写の全文を見るに、

「近古より我宗門内と称し候者別に一種の風俗を成し固陋の弊習不少候今般積年の弊を除き淳正の風俗に復し候に付ては不得已堂僧一同令廃止候是全く偏頗の情より出に非ず已頽の宗風を振起して祖徳を海内に輝さんとの趣意に候間決して汲得違無之各々平心に領承可有之様被申出候事」

かくて堂僧五十六名を廃し、改めて二十八名を登庸したので有る。

登庸人名

京　宝地坊賢悟
同　光闡坊祐文
同　光徳寺了貫
同　正林寺大宗
阪　浄円寺静賢
京　願楽寺智城
阪　先明寺良顕
京　大泉寺徳聞

阪　春徳寺了悟
京　常念寺覚曜
同　光明寺純行
阪　仏願寺専念
京　最明寺信慧
同　正因寺専順
同　東坊了覚
同　善久寺秀亮
同　無量寺誓成

これに依つて此月旧堂僧総代成就坊秀岸等より次の如き歎願書が出された。

奉歎願候口上覚

一、私共仲間の義は一種の風俗を為し固陋の弊習不少趣御詠を奉蒙候より今般御改正に付き一同御廃止に相成候旨去二十二日御達に相成り一同奉恐入候爾る処累代御堂出勤奉蒙御免朝暮御真影様御給仕奉申上候処即今御廃止相成候ては忽御給仕奉申上候事も相叶不申実以て先代へ対し申訳も無之甚歎ヶ敷奉存候間仮令今の処改正に付頂戴物の義は如何様御取計に相成候共聊か夫等の義に不相拘只々御真影様御給仕奉申上候義専務に奉歎願候就ては一種の風俗と申すは何々固陋の弊習と申すは何々是等の風儀は当今御改正に付き御差支へに相成候間改可申様御教誨被下候はゞ如何様にても可相改候間何卒御差支へに相成候事件は急度被仰下候はゞ御沙汰の趣き屹度相守り堅固に御奉公可仕候若其上不相用に於ては如何様被仰付候共御頼は申上間敷候間何卒前条の始末被為聞食従前の通り出勤被仰置

下候はゞ一同広大の御仁慈難有奉存候此段只管奉歎願候　以上

壬申八月

旧御堂僧総代
成就坊秀岸
高雲寺玄哲
教円寺顕純

斯くて官権保護の下に難事とせられた処の本山寺務の改正は進捗するに至つたのであるが、何が故に官権の保護を得て迄でも急に改正を要したか、それは云ふ迄も無く、家臣堂僧の旧勢力に対して容易に改正し得ざるものが有つた事は勿論にして、法主の大権を以てしても急転直下改正を得ざる情実の有つた事は明かであるが、今一つは外的事情の一日も愡緒にし得ざるものが有つた事を見逃すことは出来ぬ。それは明治世態の激変と当時に於ける政府の宗教政策であつた。此事に就ては別に述ぶるべきであるが、後年宗政上に起る大教院分離問題にも関係するが故に旁々以て是に当時に於ける政府の宗教政策の一端を見ねばならぬ。

当時に於ける政府の宗教政策

明治元年一月十七日政府は官の職制を神祇内国外国海陸軍会計刑法の七科制と定め、是等を太政官中に設置した。三月十三日神祇官を置き、十七日社僧禁止の令を布き、廿八日仏像等を社内に置くことを禁止した。抑々是等の法令が唯一神道を以て明治新政の生れたるものであることを明示する。而も三月十三日の布告こそ明治政府の宗教政策の根幹を為すものであつた。斯して矢継早やに神仏判然の政策を行つたのであるが、当時は人心恟々として、百度革新の政令を歓ばざる傾向があつたが故に、神祇官設立の趣旨を貫徹せしめんが為め、二年九月宣教使を置くことになつた。而して七月には神祇官を太政官の上に置き、四月開設せる民部省内に寺院寮を設けて、寺院の事を司らしめた。三年一月三日、大教宣布の詔を発せられ、四月宣教使を博士とし少権大中小の別を設けて藩主（藩知事）家老（参事）をして其職を掌らしめたので有る。四年一月五日寺領の没収を敢行し、五月には宮中安置の仏像仏具を泉涌寺に移管せしめ、六月には門跡院家等の名称を廃した。

かくて八月には神祇官を神祇省と改変し、五年三月十四日教部省を設置して神祇省は廃止された。これやがて唯一神道主義の破綻を明示するもので有る。されば教部省が設置されて教導職の設けらるゝや（四月二十五日）、先に任ぜられたものは僧侶で有つた。昨日は僧位を奪はれ寺領を没収せられた僧侶が、国民教化の要に迫らるゝや、今日は教導職として教則三条を課せられたのである。是に於て奮然起つて積極的行動に出たものが仏教各宗の発起による神仏合併大教院の設立である。八月二日金地院に仮大教院を設置して教導職の養成と大教の宣布とに備へた。此大教院が、神官側の申入れに依つて紀州邸に移され、六年一月十日開院式を行つたが、大紛擾を巻起して二月七日遂に増上寺源流院に移転されたのである。乍然此年十二月三十一日大教院は焼失して仕舞つた。

斯くてこゝに東西本願寺を主唱者として、大教院分離の儀が起り、神仏合併教院分離の儀は二月十五日聞届けられ、政府又四月十三日神仏合同説教を禁じ、遂に大教院廃止の令が布かれるに至つた。而して又教部省の廃止され、内務省内に社寺局を設けたのは、それより後ち明治十年一月十一日の事で有る。以上に依つて見るに、当時政府の執つた宗教政策は唯一神道主義の上に建てた祭政一致の政策であり、此が神仏判然の詔令となり、曲解されたる廃仏毀釈の運動となり、仏教の迫害となつて顕れて行つたのであるが、宗教に非ざる神道が国民教化の責任を完うする筈は無く、単に神官の無能を暴露して政府政策の大失敗を見るに至つては、国民全体の惨害を結果するより外無かつたので有る。扨て次に大教院分離に就て些宗政史上より述ねばならぬ。（明治初期「政府の宗教政策」に就ては「宗史編修所報」（十一月）第一号に記載）

（『真宗』第三七四号、昭和七年十二月発行）

明治維新以後に於ける大谷派宗政の変遷（四）

大教院当時の本願寺

大教院に就ては前述の如くであるが、当時に於る本山は対内対外共に諸般の施設に多忙を極めた。改正掛の任命が有つて、定役規定の改正を始め、裏向女員の改正、堂僧雇員の改正、さては教則三条の宣布、教導職の養成各宗との連結、神官との交渉或は廃仏毀釈合寺廃寺の余燼等、未だ全く納まらずして宗政の施設対策の上に努力苦心の甞ならぬものがあつた。而して如何にして真宗独自の教法を護持し宣揚せしむべきかに就ては又如何にして宗政の機構を整備し運用す可きかに腐心せざるを得なかつたのである。されば明治五年九月十三日遂に時の新法主現如上人は舜台白華柳北を従へて遠く欧州の地に宗教視察の為め遊学遊ばさるゝ事となつたのである。今当時に於ける現如上人の門末に遺し与へたる所の御親書を拝するに、其事情の推知し得らるゝものがある。

新門主御申残書

余此度朝廷の御趣意を奉体し大法主に代て宗教興隆の為めに洋行致し候其方共へも一応は申聞候上発途可致筈なれども非常の旅行彼是異議申出候輩も有之左候而者朝旨を奉ずること能はず宿志を果す事得ざる場合に立至り可申哉

と深く心痛致し断然及出帆候此度は天竺に趣き釈尊の遺跡を拝し大教の根源生起の地を探り且つは西洋の風俗を通覧し且つは異教の巣穴を看破し候上帰国の心得に候斯く万里の波涛を越へ危き旅を致し候も宗教護持の心より出で候事故何卒一同も是より旧の頑固を一洗し非常の勉強を為し学術を励み宗教の維持の為め同心戮力頼入候大法主にも追々老境に被及候事弟共は未だ弱年に有之候処海外の国々へ渡り苦行致す余の心中能々相察し如何様にも本山の為めに粉骨砕身して此の仏教の支持候様頼存候出立前暇乞も不致如何にも残り惜しく存じ候へ共非常の事柄ゆへ不得已候右の趣能々体認致し和合の上より護法の義専一に相成候様希望致す処に候

光瑩

両京役者府下及諸国

末寺並総門徒中

斯して新御法主は藤原光栄と仮称せられ、舜台白華又松本白華石川倫弘と称して渡欧されたのである。（此時に於ける航海記は謄写本「松本白華航海録」昭和七年一月東林書房刊にも見らる）現如上人の帰朝遊ばされたのは明治六年の七月である。其の翌月八月十四日総務職を設定し、法嗣現如上人自から其職に就かれたのであつた。十五日には翻訳局を新設し、成島柳北を局長とし、國井忠雄等が局員に任ぜられて居る。因に此頃に於ける本山寺務所役員の氏名を見るに次の如くである。

総務職　大谷光瑩

執事補	融法寺住職	篠原　不著
同	本誓寺前住職	松本　白華
改正掛兼議事	円覚寺住職	篠原　順明

改正掛兼視察	願隆寺住職	小早川大船
改正掛兼議事翻訳局用掛		石川　舜台
議事	称揚寺住職	福田　覚城
度支長	等観寺住職	阿部　慧行
副視察	願生寺住職男	白川　慈辨
掌儀	恵林寺住職男	笠原　研寿
同	億念寺住職男	南條　文雄
同	福念寺住職	金浦　正弘
同助勤兼幹事少視察		櫻井　周照
勧学所掛兼度支副長助勤		経塚　寿慶
掌儀補	常福寺前住職	北方　祐英
幹事長	長堅寺住職	長澤　祐言
同副長兼少視察	宝受寺住職	仁科　周諦
幹事	常願寺住職	朽木　唱覚
同兼謁者	徳遊寺住職	辻　祐祥
謁者	聖興寺住職	中野　厳洗
少視察	教恩寺住職	谷　了然
納戸方	善久寺住職	稲垣　了岸

同　　西福寺住職　川那邊證空
同　　寂静寺前住職　渡邊　智順
記室長　長休寺住職　小川　圓諦
同副長　真敬寺住職　大淵　湛了
記室　大念寺住職　新河　顕遵

尚ほ其の月給表を見れば次の如くである。

総務職　参拾六円二分余　小視察　五円二分
執当　拾五円　納戸方　五円二分
執事　拾参円　記室長　四円二分
執事補　拾円　記室　参円二分
議事　拾円　小視察附属　参円二分
大視察　拾円　翻訳局長　貳拾円
掌儀　七円二分　全局附属　拾円
副視察　七円二分　（以上）
勧学掛　七円七分　（当時米価一升五銭位）
幹事　五円二分

扨て此の総務職設定と共に（八月二十五日学寮全般の施設制度は総務職の直轄たる旨が達せられた）本山内部の機構には新知識を以て新施設が取入れられ、又欧州諸国に於ける宗教政策の何物なるかを見た眼は日本の宗教政策に対して静観し批判し、以て宗門の執るべき態度を見出したので有つて、徐ろにその運動が開始されて行つた。その一つが先づ大教院分離運動として現はれたのである。

東本願寺と大教院分離運動

此の大教院分離運動の開始されたのは明治六年十月頃からである故に、大教院が金地院から紀州邸に移され、（五年十一月移転一月十日開院式挙行）更らに二月十日増上寺源流院へ移され、此年十二月三十一日焼失する此の少々前からである。其の主唱は東西本願寺であつて、恐らく西本願寺の当時帰朝僧たる島地黙雷並に東本願寺の帰朝僧たる舜台白華等の称応に依るものであらう。

其の主張する所は第一に神仏合併大教院はそれ自ら神仏判然の朝旨に背反すること、第二は混ずべからざるは教法であつて、混ずれば国民教化の実の挙がらざるのみならず、遂に迷乱を来す、但だ同ずべきは三条の教則のみなるが故に、宜しく同ず可を同じて混ずべからざるを避け、各々独自の教法を縁に随つて徹底し発揚すべきであると云ふのである。是れに依つて神道六宗の教正から分離に異論なき旨の連印証書を取り添へ、真宗諸教正の連印を以て大教院分離の請願書を教部省大輔宍戸璣宛に提出したので有つた。これが六年十二月である。

其書云、

教法は各自個の宗義を執り衆庶の帰向に任せ民心を維持し政治を裨益し奉るべき処従前布教の実を怠り徒に虚飾闘争を務め慚愧の至りに堪へず候而るに昨年教部省設けさせられ教義更張の御趣意に際し諸宗合議自費を以て大教院創建相願修学研究旧弊一洗の心得に候処追々体裁変更今日に至りては神道並に七宗の説教場の如く相成り教義混濫民心疑惑の弊も有之哉に存じ候且各其の好む所に厚くするは人情の免れ難き所にして事務扱上にも進んでは専擅偏

頗の疑惑を生じ退ては阿諛雷同の誹謗なき能はず外布教の効未だ立たず内ち協和の実未だ挙らず到底教法の実地如何と熟々顧慮致し候処凡そ物の斉しからざるは物の情也教法の不可混は教法の常也其不可同は教法也同は三条の教憲なり共に可奉は本省の規則共に行ひ難きは教院の事務也然れば則各其宗義を務め協和の実を失はず並行して相悖らざる様致し候はゞ維持裨益の実相挙り可申と存じ候に付真宗五派の義は大教院に関らず布教尽力致度旨神道並諸宗管長中へ及懇談候処何も異論無之候条更らに真宗教院事務取扱所相設け度く依て神官六宗管長連名書並盟約案相添此段奉伺候也

権少教正　藤枝　澤依
代大講義　山澤　映
権少教正　大谷　昭順
代大講義　大谷　勝珍
権少教正　木辺　賢慈
代少教正　溪　勝縁
少教正　溪　勝縁
権大教正　渋谷　達性
権大教正　華園　摂信
代中講義　渥美　契縁
大教正　常磐井堯熙
代権訓導　稲垣　堪空

大教正　大谷　光勝
管長　大教正　大谷　光尊

教部大輔宍戸璣殿

盟約条案

一、交際親睦の事
公私共忠実を以て相親み門戸を脱して時々可往来事
一、毎月一度会合の事
布教の方法は勿論国事に尽力すべき見込等可及示談事　但臨時会議は此限に非ず
一、布教応援の事
各自の教義互に是非せざるは勿論殊に書に著して誹謗すべからず且各地方にて教義壅塞の患あらば互に戮力周旋すべきこと
一、異教防御の事
内外の事情新報を得る時は互に通達可致事
一、学師更互の事
各部内専門に傑出の学師は互に相招請し生徒の入学も其の所望に従ひ相許すべき事
已上
神官六宗管長連名書
真宗中立の義神道六宗に於て異論無之候条依て添書進達候也

明治六年十二月

権少教正　卍山　實辨
権少教正　高岡　増隆
少教正　修多羅亮閑
中教正　顕　日琳
権大教正　石井　大宣
大教正　網谷　環溪
大教正　有馬　頼成
大教正　三條西季和

本省御中

（以上）

因に「在京教正連印中摂信代中講義渥美契縁へ御申付相成候趣不存寄次第に候」と大谷光尊大教正宛の華園摂信権大教正の手紙の存するは（勤王護法録）注意を要する。

末寺に於ける非分離派の一味

ところが人心尽く同じからずで、教法の本意弘教の実際如何と云ふことを体認せぬ者は、単に協力親和の美名に執着するは何時の時代にもある者である。今も東西本願寺主唱に関かる分離運動に対して分離不可説の一味があつた。興正寺摂信上人は神仏分離を可として仏教中更らに真宗分離説に対しては不可論者であつたが、今これ暫く別として、神仏分離を不可とする者に加藤九郎、西濱正潕、及越後浄興寺住職稲田勝芸、同じく了蓮寺住職藤原大選等数十名の一味がある。今三名より教部省への建白書を見るに次の如くである。

今般藤井行権始め十名の者申立の旨趣神官七宗の協和を破り候は不容易の儀殊に異教侵入の折柄斯の如き鬩墻の患を生じ候ては外は異教徒の嘲を招き内は信仰者の惑を生じ候段深く歎惜の至りに候依て教職一同篤と衆議を尽し候上は其の可否得失相決申す可き儀に候間右十名を除く外神官七宗教正已下在京の輩大教院に於て至急会議相催し候様仰せ付られ度く懇願し奉り候已上

真宗　了蓮寺住職藤原大選
浄興寺住職稲田勝芸
権中講義　西濱正潕
中　講　義　加藤九郎

教部省御中

尚是等の一味稲田勝芸、藤原大選、直江圓成、能登国本光寺佐藤義澄、東京敬覚寺浅野長遵、等光寺土岐善静等は法主殿在京（東京）の節に分離出願御見合せに相成様にと頻に申立て、さては浅草別院に推参し高声暴言過激なる言動を以て法融寺不著、万徳寺遊界、憶念寺神興を相手取り私意専断の輩とし、下情を壅塞する者となし、遂には教部省に訴出でて分離不可説を主張したのであつた。

（『真宗』第三七五号、昭和八年一月発行）

明治維新以後に於ける大谷派宗政の変遷（五）

大教院問題（承前）

既に一宗の方針としては、大教院に対しては真宗分離説を建て丶堂々の陣を張つた。此の実現は唯だ時日の問題である、処が一派の中には単なる協和策に執着してか、或は何等か企図する処有つての事か、分離不可論者の一味が有つた。而して其一味たる藤原大選、稲田勝芸、西濱正澌、直江圓成、浅野長遵、土岐善静等三十七名は大教正法主殿の御在東を機に分離不可を進言し、或は浅草管刹に入つて高声暴言の挙に出で、或は教部省に出訴して、神興、遊界、不著の三名は私意専断下情を壅塞する者となし、大いに分離不可説を主張した事に就ては前回述べた如くである。

この本省への出訴に対しては教部省より示諭調理方の内命があつた。そこで大教正に代つて溪勝縁少教正が是等三名の者を（神興不著遊界）取調べて本省へ届出られた。

御　届

東本願寺役僧南條神興始め三名取調候処専断壅塞の廉全く無之候尚又過日来御省へ出願候者も自今三名の義に付き彼是哀訴致間敷き由申出候此段御届申候也

明治六年十二月二十日　　少教正　溪　勝縁

本省御中

処が同月二十五日一味三十七名の者は、連印を以て真宗管長の所管を離れて大教院所轄に願度き旨を教部省へ出願し、二十七日此旨浅草寺務出張所へ届出でた。

口　上　覚

一、今般分離の儀我輩に於ては落意致し難く候に付従前通り神官六宗と協議致すべく候此段念の為め御届申候也

六年十二月廿七日　　衆議席総代

浅野　長遵

直江　圓成

土岐　善静

寺務出張所御中

此の事柄たるや単に一派の問題のみでは無く、真宗の所管を離れる事柄である。依つて溪勝縁少教正は取敢へず真宗局へ此事柄を申達されたので有つた。

其書に云く、

東本願寺末寺浅野長遵、直江圓成、土岐善静等先達て大教正大谷光勝在京中大教院分離の儀に付異論申立て役者南條神興始め三名の者本省へ訴訟致し候始末拙僧より取調に及び候処専断壅閉の筋無之由判然致し候に付其旨本省へ御届に及び置候今般別紙写の通り寺務所へ届け出候趣役者長遊界より申出で候右は全く真宗の所轄を離れ候底意に有之べく候条一派限りにて聞置候儀にては無之如何取計申べきや何分の御指揮相伺候也

六年十二月廿八日　　　少教正　　溪　　勝縁

管長

大教正　大谷光尊殿

斯くて非分離派の策動によつて其の一味は漸次増加して行つた。

新潟県下越後頸城郡高田寺町　浄興寺　稲田　勝芸
府下　等光寺　土岐　善静
新川県下越中射水郡森寺村　西念寺　瀧澤　静栄
石川県下能登鳳至郡沖波村　正覚寺　禿　三不
橡木県下下野那須郡大田原宿　忍精寺　増田　淳正
石川県下加賀江沼郡深田村　称名寺　大幸　頓正
府下　光伝寺　光伝寺春泰
新潟県下越後古志郡槇下村　長楽寺　藤井　深底
府下　教覚寺　浅野　長遵

此の外新潟に二名、府下廿五名、新川県に三名、石川県に四名、橡木県に十一名、総数五十余名となつた。而して是等五十余名の者は従前通り大教院へ出頭し、六宗とも協議致すべきことを本省へ届出で、既に届済となつた事が、七年一月八日寺務出張所へ届出られたのである。今当時是等に付き、本山より門末への諭告を見るに思ひ半に過ぐるものがある。

「此の如く当今にては追々与党を企て、五十余名に至れり。察するに彼輩陽に称する処は協和を主とする今日、分離独立の論は当然ならずと云ふに過ぎず。而して和と同との別を解せず。これ等更らに弁へざるに非ず、人、非と称せば己れこれを是とし、人、善と云へば己れこれを悪とするものにして、曾つて定説なし。蓋し別に欲する処有りて然る者に似たり。仄に聞く、自ら正義と誇るを以て法主を始め之れを異論方とし、我は祖師の末寺なり、法主の末寺に非ず抔と云ふに至ると亦甚しからずや。夫れ前に協和の約あつて虚飾に流れ、其弊彼我教義を混じ、高天原や極楽や根国や地獄や名異なりと雖も、実は同じ抔と云ふに至る。同異の節は姑く之を舎く。各教結構を異にす。聴者こゝに於てか方嚮を定む。これ教法の常也。若彼我を混同せば弥陀の願意祖師の御己証豈顕はるゝを得んや。弥陀の願意祖師の御己証顕れずば凡夫何を以て往生を得ん。元より協和の議我より起るものにして官則に非ざる也。今や衆生化益の実挙らず、祖門を破るに至るを憂へ、我より分離を乞ふ、不可なる者無し。且つ宗規を破ると協和を破ると軽重云何ぞや。協和を欲するは末徒の私論也。宗規は開祖の典型也。末徒にして開祖の典型を破り、以て私の協和を欲する。是れ豈可ならんや。況や今度分離するは真誠の協和を定めて雷同の虚飾を去也。宗規を護らんと欲する者の祖師の末寺に非ずして、雷同の虚飾を欲する者の祖師の末寺なりとは何等の狂妄ぞや。其分離の議連署し盟約して、協和の真誠始めて定る。豈両全を得る者に非ずや。然るに彼輩頻りに分離不可論を主張して勉めて人を誑誘する由、其説遠国迄も波及せば恐らくは人の疑惑を生じ、祖意之れが為めに壅塞し、往生浄土の道路を迷はすに至らん。彼徒の不好を挙ること忍びざる事なれども、今般分離の趣旨通ぜずして祖門を破らんことを恐れ、已むを得ず前条報知に及び候。猶懇々御親諭も在らせられ、同心の義重々希望の事に候間、汲得違無之様門徒中へも篤と申し通すべく候事」

以上が其の全文である。斯くの如き状態で有つたが、結局非分離派の一味は真宗管長よりの申立てが無かつた為め、大教院所属となることは出来なかった。又六宗管長より教導職薦挙の具状も差出されたが、是れ亦た真宗管長の押印がなかつた為め差戻された。かゝる間に一味の中には全然事情も知らず加入して居た者もあつて、事情の判明すると共に驚いて具申書を浅草管刹に差出し、分離派に合流する者も出でたのである。栃木県下下野国大田原宿忍精寺増田淳正等五名がそれであつた。此間非分離派一味が大教院所轄を願出でて大教院よりは「聞済」の証を得、教部省よりは「聞置」の言質を得たるに対し、真宗管長より再三再四管長への掛合も無く処置せられたるに対し「管長権」の権限に就き、又其の処置手続に就いて伺書が出された。

これ等往復の書面のあつた間にも彼の五十八名の中更らに東京府下龍淵寺大住皆遵、西光寺藤井霊観、善照寺足利了諦、真福寺高橋覚雄は分離説に加はるゝに至り、尚又能登国法性寺河島智廣、相模国来福寺蒲原善覚、西来寺堀田塵長、善徳寺柳澤栄湛、万福寺荒木良空、法善寺藤田法城、東京府通覚寺稲垣實眼、真敬寺村上説祐等も分離説に加入するに至つた。是れ七年二月の事である。

一方此の真宗分離論の主張は大教院に於て追々協議されて行つたが、結局大教院としては五月九日分離不可趣意書を廻報することゝなつた。十七日真宗管長より此の不可趣意書に対する答書が教部省に届出でられたのである。其の不可趣意書は六項目を挙げ、鴻雪爪、荻野独園の名を以て廻報せられた。故に其の答弁書も又六項目を掲げて一々に答弁された。今詳細に摘記するを避けるが、但だ何故に曾ては分離論に承諾を与へ、副書さへ添へた神道諸宗の教正が、今一朝にして分離説に反対するか、怪しむべき事柄で有つた。乍然九月二十七日に至つて教部省より真宗管長への諭達が有つて、此問題の解決は唯だ此度の手続書一つに依つて定められる事となり、明治八年一月十五日分離許可の指令が出たのである。而して五月大教院は遂に廃止され、又此月真宗各派法主連署の上告諭を出して、紛糾を重ねた大教院分離問題も大団円をつげたので有る。

諭　告

本宗の大教院分離を請願せしは明治六年の冬に起りて爾来紛議百端再び寒暑を易ふと雖も殊に特別布教の請願を固守し允許を期して移らざる者実に一宗教義の混乱を憂ひ門徒帰嚮の安立を失はしむるを憫むに出で、固より神道諸宗に構へ有つて為せしには非ざる也然るに今般神仏各宗合併教院差止られ各自布教致すべき旨公達相成候に付ては啻に一昨年来諸願の素志の通徹するのみならず総じて宗門の区別有つて帰嚮の錯雑せしむべからざる所以の真理初めて発顕し朝廷人民保安の仁旨思想をして自由ならしめ給ふの真政茲に至つて昭々たれば誰か之を悦服感戴せざるべけんや然ば則ち政府保護の恩庇に酬ひ教職布教の義務に於ても亦一層力を実際に尽さゞるべからず希くば一宗の教徒深く此意を体し教部省の制規に悖戻せざるは勿論宗意安心は開祖已来の伝承に率ひ愈々来世得脱の信根を固くし以て風俗淳美言行忠実自ら明聖治化の万一を裨補せんことを期し今後神道諸宗に対し益々交誼を厚くし鬩牆の見を持すべからず若宗門の同じからざる為め隣保相軋り安立の別なるが為めに友朋相争ひ躬行実なく教化誠あらずんば啻に本教慈悲矜哀の主脳とする教旨に背くのみならず亦僧伽の名義人道の実理に戻れり豈能く宗義を光輝し政化を裨補するに至るを得んや是れ実に罪を明世治下に得る者にして而も仏祖を褻瀆し教門を破壊する者也切に請ふ一宗の教徒此旨を猛省し学を励み行を慎み誠心懇篤布教に労事し其名に恥ぢず其形に背かず常に仏祖垂誨の本意を忘るゝ事なからんことを宗徒それ旃を勉めよ

東本願寺住職

明治八年五月　　大谷　光勝

以上に於て大教院問題に関する記述を終りとする。

御伝鈔御文中読誦遠慮の事

扨て記述は少しく前に戻るが、明治六年二月の事である。報恩講を祖師忌と改称したことがあつた。又皇太神宮大麻御頒布に就ても真宗寺院はこれを受けて庫裡の清潔なる処に安置した。是等は本山として諭達せられたのであつて、当時の状勢を窺ふに足りるが、更らに「御伝鈔」「御文」中忌諱に触るゝ箇所として読誦を慎重にし廻避した事があつた。即ち

一、伝絵下巻第一段、太上天皇の下、皇帝の下、陛下の下に「奉る」「給ひ」の言を添へて読んだ

一、同段御諱三処九字並主上乃至結怨の十二字不考罪科猥の五字

一、同巻第四段権現の二字

一、同巻第五段証誠殿の本地云々の二百五十二字

右総計二百八十字省略すべし

一、御文第一帖第十通第二帖第一通同第二通同第九通諸神の二字都合十字

一、第二帖第三通一神明と申すは等三十六行

一、同帖第十通神もの二字及もろ〳〵の神の六字

一、第三帖第十通一切の神明等三十六行及神明の本地等八字

右総計三十二行二十六字省くべし

明治六年二月

其後御文の義総て取消となり、更めて第一帖第十通第二帖第二通同第三通第九通第十通第三帖第十通を以て「沙汰に及び候迄読誦の義遠慮致す可く候事」と諭告されて居る、これ等又当時宗門の対外政策の一端として見得らるゝものであらう。

（『真宗』第三七六号、昭和八年二月発行）

明治維新以後に於ける大谷派宗政の変遷（六）

前回に於て明治六年より明治八年の上半期に亘る宗政上の問題あつた大教院一件に就て其の概略を述べたのであるが、更らに対内的方面に於ける宗政に就て記述を続けねばならぬ。

第一代寺務所長、篠原順明時代

既に述べた如く、彼の翻訳局なるものが設置されたのは明治六年八月十四日であるが、明治八年七月二十二日には此の翻訳局は訳文局と改称せられて、貫練場（明治六年八月二十七日高倉大学寮改称）中に移転せられ、併せて編集局なるものが新設せられた。是れ思ふに、明治六年八月二十五日高倉大学寮の制度百般が寺務所の統轄に摂属せられて以来、対内的宗政の重点は一派学事の制度改善に置かれたのでは無からうか。

それは明治八年七月五日教学振興の御親書が発せられ、以て我宗門が未だ曾つて前後に見ざる処の教育大系を確立したのに依つて窺はれる。即ち貫練場の外に更らに大中小の三教校を興し、又育英教師の二教校を立て、以て一派教育の体系とした事である（是等に関しては大谷学報第九巻第三号特輯「明治初期に於ける大谷派の学史」に述ぶ）。而して夫等の教校に於ける学科課目の教本が詮衡せられ編集せられた機関が訳文編集の二局であらう。此の編集局の編集書目編集定則の制定されたのは八年八月四日であつた。

斯の如く学事施設の大系を整備せしめる一方、八月十二日には本願寺寺務所中四課（式務、教育、度支、監正）の外自今本所とし、其内親授役員の席を以て上局とし、諸掛等の目を改称した。これは五月二十二日真宗四派本山協議の上決定せられたもので有る。一覧表を示せば次の如し。

	寺務所		式務課	教育課	度支課	監正課	出張所	管刹
以上親授	一級上等	執綱						
	一級次等	執事	鍵役					
	二級	議事		長	長	長	長	
	三級	准議事	鍵役補 定衆	副長	副長	副長	副長	
以上稟授	四級	大録事		以下同	以下同	以下同	以下同	
	五級	准大―						
	六級	録事						
	七級	准―						長
以下例授	八級	大承事	堂僧取締					輪番
	九級	准―	堂僧					寺務方 式務方
	十級	承事						納戸 国視
	十一級	准―						察列座
	十二級	書記						
	十三級	筆生						

尚当時に於ける当初の寺務所役員の氏名は次の如くである

議事　円覚寺　篠原　順明
准議事　永順寺　石川　舜台
同　法因寺　渥美　契縁
同　願隆寺　小早川大船
同　法融寺　篠塚　不著

同　万徳寺　長　圓立
同　円重寺　鈴木　慧淳
同　仰明寺　蓑輪　対岳
同（兼二等学師）　憶念寺　南條　神興（以上上局親授）
准大録事　願生寺　白川　慈辨
同　法因寺　渥美　契縁
同　監正課　教恩寺　谷　了然
録事　恵林寺　笠原　研寿
同　憶念寺　南條　文雄
同　度支課　来生寺　藤　立信
同　専覚寺　楠　潜龍
同（兼三等学師）　伯東寺　細川　千巌
准録事　無量寺　柏樹　誓覚
同　度支課　真覚寺　経塚　寿慶
同　同　宗恩寺　織田　興雄
同　監正課　宝受寺　仁科　周諦
同　福念寺　金浦　正弘
同　長堅寺　長澤　祐言

同　常福寺　北方　祐央
同　長勝寺　沼　僧淳
同（兼三等学師）　唯法寺　占部　観順（以上稟授）
大承事　常願寺　朽木　唱覚
同　度支課　西福寺　川那邊證空
同　度支課　寂静寺　渡邊　智順
同　仏現寺　融　了瑞
同　西念寺　高橋　行蔵
同　緑泉寺　青江　覚城
同　光専寺　川上　良友
准大承事監正課　真敬寺　大淵　湛了
同　長休寺　小川　圓諦
同　西宗寺　藤林　廣顕
承事　大念寺　新川　顕遵
同　伝心寺　山本　祐賢
同　本浄寺　荻　正傳
同　宗恩寺　立花　賢雄
同　本龍寺　澤田　顕亮（以上例授）

（以下略）

而して准議事石川舜台は、兼教育課副長編集訳文総監であり、准議事渥美契縁は、兼度支課副長であり、当時三等説教者阿部慧行は度支加談兼教育用掛となり、四等説教者足立法鼓は教育用掛助勤であつた。尚当時の式務課（今の法務局）に於ける役員の氏名は又次の如くである。

定衆　光明寺　小林　什尊
同　願得寺　清澤　達英
同　聖徳寺　小笠原厳顕
同　専念寺　今堀　賢徳（以上上局親授）
堂僧取締　円重寺　鈴木　賢悟
同　善久寺　稲垣　了岸
堂僧　教円坊　井上　顕純
同　東　坊　藤澤　了貫
同　善永寺　立花　慧深
同　西宗寺　藤林　顕明
同　泉龍寺　泉　祐義
同　西福寺　川那邊證空
同　願照寺　山口　圓證
同　閑唱寺　藤居　了俊

同　　願衆寺　佐々貴智城
同　　常念寺　藤岡　覚曜
同　　正因寺　萬年　専順
同　　円重寺　鈴木　信慧
同　　東　坊　藤澤　了覚
同　　等覚寺　佐々木誓成
同助勤　浄徳寺　富永　大雲
同　　長覚寺　大草　慧實

以上が寺務所長篠原順明時代に於ける当初の顔振れである。（因に現今宗務所々在の町名下京区常葉町なるものは此の明治八年八月四日地方庁允准の上達示されたものである）（又役儀申付書式が親授は大教正名稟授は寺務所長稟名例授以下は寺務所長名と決定されたのも八年八月七日である）

かくして八月十七日教育課度支課の職制並事務章程及度支事務取扱条例が定められた。八月二十日には志納所は志納場と改称せられた。又八月五日には度支課録事細川千巌は教育録事に、八月二十二日監正課准録事占部観順は教育准録事に、八月十九日妙安寺九條達神は定衆加役に補せられた。十月四日には国視察を府県下視察と改称して其章程が定められた。

更らに一方此の篠原順明時代に於て、地方宗政の機関は拡張せられたのである。即ち寺務出張所なるものは東京浅草管刹内（当今の浅草別院内）に唯だ一つあるのみであつた。是れ帝都にして宗門の度外視すべからざる緊密枢要の地であつたからである。然るに八年十月二十日に至つて寺務出張所は更らに大阪難波管刹内に、又石川県下金沢管刹内に新設せらるゝに至つた。前者は日本に於ける財界の心臓であり動脈である。後者は一派本願寺の所謂お台所であつて両者共に宗政上忽緒にすべからざるの地である。

今其の告達を見るに

総末寺門徒中

今般大阪府下難波管刹内並石川県下金沢管刹内に於て寺務出張所を被置左之県下末寺を統轄致し候条此段為心得相達候事

但出張所未設の府県下末寺は従前の通可相心得候事

本山寺務所長

明治八年十月二十日

議事　篠原順明

○大阪寺務出張所々管

大阪府　兵庫県　奈良県　堺県　飾磨県　和歌山県　名東県　香川県　愛媛県　高知県

○金沢寺務出張所々管

石川県　新川県　相川県　新潟県（以上）

尚同時に、東京浅草寺務出張所統轄の改定があつた。

総末寺門徒中

東京浅草寺務出張所統轄左之通改定候条此段為心得相達候事

本山寺務所長

明治八年十月

議事　篠原順明

東京府　神奈川県　埼玉県　足柄県　千葉県　茨城県　熊谷県　杤木県　静岡県　山梨県　長野県（以上）

是等寺務出張所の職制並に権限に就ては次の如し、

出張所の職制、

長　一員　三級以上（即ち准議事以上、待遇親授以上）

一、統轄内各府県下本派末寺門徒諸願伺届等一切の事務を総括し属役及地方の学師説教者視察組長等を指麾統率するを掌る

一、事務を施行するに方り之を其章程に照し上申して本山寺務所の指麾を受くべしと雖も或は時宜に依り改正すべきの件あれば見込を付して之を上報し其当否を論弁するを得、

末寺門徒等より上申する事務の緩急を審案して之を決判取捨するの権を有す

大録事以下属役の能否勤惰を監視し進退黜陟を本山寺務所に具状す

大録事　以下無定員

准大録事

録事

准録事

大承事以下を指麾し其進退黜陟を具状する等本所職制の如し

大承事

准大承事

承事

准承事

書記筆生

職制本所の如し

出張所の権限、

第一条

出張所長は統轄内の末寺僧侶を指麾統率するの権を有す然れども出張所を設くるの趣意は本末師弟の交際を明信にするが為なれば寺権の処分あるべからず

第二条

出張所長は掌管の事務に於て決判取捨するの権ありと雖地方の適宜人情の服不に関する事務を処分するに方りては准録事以上の役員に咨議し決を取て施行すべし

第三条

出張所は其地方の末寺を統轄するの所と雖本山寺務所の出張に係るが故に瑣事細務たりと雖も章程に照し処分の前後本所へ通申すべし

（以上）

（掌管の事務、施行の順序は省略之）

尚ほ次に十一月二日監正課職制並事務取扱条例が制定せられた（教育度支は八月十七日職制等制定さる）。十一月十二日編集定則の一部改正を行ひ、先に設置せる寺務出張所の七級已上の役員を決定した。即ち東京の出張所を篠原不著（准議事）に、准録事に柏樹誓覚を命じ、大阪の所長に小早川大船を、金沢の所長に石川舜台を（准議事）、准大録事に渥美契誠を任じた。尚当時に方ては法主殿が地方県下御派出の節は派出寺務出張所が臨設せられ、派出寺務出張所已下の役員が任命されたものである。而して東京寺務出張所は従前本山寺務出張所の印章を用ひ来つたのであるが、爾来大阪金沢と同様東京寺務出張所の印章を用ひること、なつた。

斯くの如く宗政機関の拡張と整備とに力を傾注したのであるが、其の運用に円滑を欠くものがあつて、九年一月八日には度支課内に掛役を設け、出納計算の事を一層精覈ならしめた。（此月十九日祖師忌を報恩講と復称す）又二月十日准議事蓑輪対岳は大阪寺務出張所長に任ぜられて小早川大船と交替し、准議事鈴木慧淳は東京寺務出張所長に任ぜられて篠塚不著と交替した。三月五日真宗四派協定の上教導職袈裟服を制定してこれを発示した。又同日式武課改正掛長に小早川大船を、同改正掛に小林什尊若松厳慧を任命した。これ教導職服制に次で真宗四派の間に堂班改正の協定が議せられて居たのであらう。之によつて四月十六日に堂班に就て四派一般の名称として次の如く達示せられて居る。

総末寺中

堂班階級素絹内陣等の称相廃し更らに四派一般之名称左之通被定候条此段相達候事

明治九年四月十六日

本山寺務所長　篠原順明

元連枝席　内陣上座

元素絹　内陣本座

元内陣　内陣列座

元余間　余ノ間

元飛檐　脇ノ間

元国飛檐　　外陣列座

尚又同日衣体条例に就て達示が出されて居る。更らに注意すべきことは、従前は坊主剃刀済の者は得度済とされて別段の儀式も無かつたが、四月十九日の達示によつて住職或は継目出願の節は剃刀済の者と雖も更らに得度式を受くべき事に定められた事である。（四月一日より末寺法宝物聚覧会を五十日間開設、四月十七日より膽仰御影の開扉を行ふ法要史として記述すべき分故に省略す）又四月二十七日より従前一六日を以て寺務所の休日としてあつたのを、爾後月曜日を休日として、日曜半日の執務と定められた。

次に当時に於ける布教方面の職制を見るに、一等より五等迄の階級があつたが、五月七日附を以て見習を設け、五等説教者心得より一等を下る階級とした。而して十七日本山寺務所内に庶務課を新設し、又正准大小録事承事を廃して議員掌記書佐の役を置く事になつた。

一等議員　三級出仕を以て充つ	四等議員　六級
二等同　四級	五等同　七級
三等同　五等	
一等掌記　四級	三等掌記　六級
二等同　五級	四等同　七級
一等書佐　八級	三等書佐　十級
二等同　九級	四等同　十一級

又式務課中の役員の等級も此時定められたのである。

以上概述する処は篠原順明時代（八年八月より九年五月迄）に於ける宗政の概要である。而して最も其の顕著なる功績は（一）大学寮の自治権を統摂し一派学事機関の大系を整備せしめた事（二）本山寺務に於ける教育、度支、監正、式務、庶務の枢要機関の新設刷新と地方寺務の拡張とであつた。猶又当時代に於ける孝子節婦篤信者の表賞せられた者十七名を数へるがこれ又宗政上大事な事柄である。

かくて第二代寺務所長渥美契縁時代の記述に入らねばならぬ。

（『真宗』第三七七号、昭和八年三月発行）

明治維新以後に於ける大谷派宗政の変遷（七）

第二代寺務所長、渥美契縁時代

篠原順明所長に次いで一派の宗政を統轄したのは渥美契縁である。明治九年五月以降十年五月下旬に至る凡そ一ヶ年の在職であつた。此間に於て施設し経営した所の宗政の規綱は前所長より踏襲して以て発展せしめたものであつた。

即ち明治九年六月四日九州の博多、東北の仙台に寺務出張所を設置し、石川舜台、渥美契縁がこれに出張所長として任じた。七月五日谷了然、小栗栖香頂等五名をして支那視察の為め出張せしめた。これ後日為す所あらんと企図したのである。七月廿九日難波寺務出張所を廃し、本山直管に改めたのは地理的関係によるものであらう。而して広島、愛知に寺務出張所を設け、篠塚不著、蓑輪対岳を所長に任じた。これに依つて地方寺務出張所は東京、金沢、博多、仙台、広島、愛知、の六箇所となつたわけである。この機関と府県下視察の職制と相俟つて地方宗政の実績を挕めたのである。

十月一日従来管刹の名称を改称して別院とした。清国上海に新に別院が創設されたのは此年であつて我が大谷派が海外に別院等を設置して海外布教の発展に着手した最初で有らう。輪番は谷了然である。（九年八月廿日開院供養執行）。又清国に教校を興して海外布教の伝道使を養成したのも此年であつて、江蘇教校がその使命の下に上海別院内に設立されたのが十月十八日であつた。又鹿児島に別院の設立されたのも十二月の廿八日である。

翌けて明治十年此の年は西南戦争の起つた年であつて、征討の詔が発せされたのは二月十九日である。又現在の如く真宗各派一管長の制度に成つたのも此の年であつて、その允裁されたのは二月十三日であつた。

本山は三月十日函館に北海道寺務出張所を設置し、鈴木慧淳を所長に任じた。三月十一日本山寺務所役名の改定が行はれた。今それによる新陣容を見るに次の如くである。

執綱		
執事		
議事	円覚寺前住職	篠原　順明
准議事	永順寺前住職	石川　舜台
同	法因寺住職	渥美　契縁
同	願隆寺同	小早川大船
同	法融寺同	篠塚　不着
同	万徳寺同	長　　圓立
同	円重寺同	鈴木　慧淳

同　　　仰明寺同　　　蓑輪　対岳
　三級出仕　憶念寺住職　　南條　神興
式務課
長、副長（近松朗誉）大録事
教育課
長、副長（渥美契縁）大録事、四級出仕（谷了然）
庶務課
長、副長（篠塚不着）
度支課
長、副長（蓑輪対岳）
監正課
長、副長（篠原順明）

又当時に於ける人事の任命を見るに（十年）三月十三日、本所録事に笠原研寿、南條文雄、沼僧淳、四月二日教育四級出仕に白川慈辨、六級出仕に金浦正弘、度支兼教育五級出仕に阿部慧行、度支六級出仕に経塚寿慶同小早川鉄遷、四月十日訳文局出仕に鬼頭廓龍、凡そ以上の如くである。

斯くして渥美契縁の時代は終つたのである。其の施政は海外発展の端を開いた事にあらう。

第三代寺務所長、石川舜台時代

渥美契縁に次いで石川舜台が寺務所長となつた。乍然其の在職は極めて短く、十年五月廿三日より七月廿二日に至る凡そ二ヶ月間であつた。此間に於て五月廿七日組長の職制を新設し、其の章程及条例を定めて地方宗政の機能を整備したことは注目すべき事柄である。今其の章程を見るに

組長章程

組長

長一人

組内の各寺僧徒を統率し教導の事務を整理し法例規格を遵守し本末師弟の機脈を通じ兼ねて各寺僧侶の協和と門徒聞法の通塞に注意し及告報頒達等の事を掌る

副長一人

長の職務に亜ぐ、長、事故ある時は其の事務を代理す

事務章程

組長大分して上下二欵とす其の上欵は例規に照して上申し下欵は例規に照して長之れを施行す上下二欵の事務長皆其の責に任す

上欵

第一条寺籍並僧籍を録呈すること

第二条僧徒の改宗転派を請求する者を具申すること

第三条教導職及教導職試補を進退具状する事
第四条宗義上異義を張る者を具状する事但視察の捺印あるべし
第五条僧侶の品行粛正及門徒にして聞法篤志衆の模範となるべき者を具申すること
但視察の捺印あるべし
第六条堂宇荘厳勤行法衣等定規に違する者を具状する事
下款
第七条組内の旧規を保存し一切の事故を記録し他組へ交渉する事件を照介往復する事
第八条配紙を頒達し及部内の僧侶並門徒を呼出す事
第九条組内の諸申牒に添書押印する事
第十条教社の事務例規に照し取扱する事
第十一条小教学令の者を入校せしむる事
第十二条地方出張所の旨を受け教会金教育資金を賦課する事但直管の地方は教育課の旨を受る
第十三条教導職醵金報恩講志例規に照し集取して地方出張へ納付す若遅滞する者は督促する事但直管の地方は度支課へ納付す
第十四条出京証書を附与し衆徒の転寺送証を出す事

以上が其の章程である。条例はこれを略す。

又六月七日正副住職の無調査認定を達示した。それに依れば教導職権訓導以上儀同学師補以上五等教師以上教育課五等用掛心得以上五等説教者補以上三等教授方以上とされた。此外当時本山として宗政以外所謂西南事変に対して、熊本兵燹罹災者へ壹万円の救恤金を出し（六月廿五日）又熊本説教所に於て廿八日より三十日迄戦死者等の追弔法会を執行し、又熊本軍団病院へ五百円を贈る如き（七月一日）時局に対する適宜の処置が執られた。又渥美契縁が鹿児島に入つて開教に勉めたのも（七月十六日）此の時であつた。

以上の如くして此の短い石川時代は終つたのである。

此間に於ける人事の任命は左の如し。

六月　八日　教育課九級出仕　長谷部教栄
　十三日　兼教育七級出仕　占部　観順
　　　　　教育課七級出仕　平野　履信
十九日　度支課用掛　川那邊證空
廿三日　教育課八級出仕　小松　随空
　　　　教育課十級出仕　小原　了典
　　　　同　十三級出仕　竺　覚道
　　　　同　　　　　　　岩津　晃瀁
　　　　同　　　　　　　平野　恵粋

第四代寺務所長、篠原順明時代

明治十年七月廿四日より十一年一月八日に至る第二次篠原順明時代が出現した訳である。乍然これも凡そ五ヶ月と云ふ短命な内局であつた。

彼の西南事変の鎮定したのは此年九月廿四日であつた。又大谷勝縁御連枝が法主殿代理として門末教導の為め鹿児島に出張中俄かに騒擾の為め避難する能はず、随行白川慈辨、山本祐賢、宅見霊観等の横死したのも此年九月一日であつた。本山は此間に処して適宜の方策を講じ、又一方此の第二次篠原順明時代には特に布教伝道の施設に傾注したかの観がある。

即ち九月十九日には総別会議の略例を制定した。総会とは一国末寺の住職が会同して国内の教務を議するを云ひ、別会とは一組の末寺住職が会同して組内の教務を議するを云ふのである。又九月廿七日には教会結社条目の制定、説教者特別薦挙法条規の制定を為し、十一月廿七日には教義講習場条規を制定して、末寺僧侶凡そ三十歳以上の者の教義の講習、説教の習得に資する集会の規定であつて、宗義布教の講習会の如きものである。

又久しく開教禁止の隠岐国に仮説教場を新設して布教実施に着手したのも十二月一日の事であり、琉球藩布教の許可を受けて布教に着手したのも十二月四日の事である。然れば此時本山には外国布教事務掛長並事務掛なるものが置かれ（八月十五日）石川舜台白川慈辨松本白華が任命された。又支那国布教主任に谷了然（九月九日）が任ぜられ、外国布教寺務掛に小栗憲一（九月十三日）が命ぜられて居る。

今隠岐開教に関する一端を述べて見よう。

隠岐国に仏教再興の許可が出たのは十年八月九日である。本山は早速同国布教の為め権中講義北方祐央を派出せしめた。そして布教開始の諸準備に着手させたのである。同人が実地調査の為め渡海したのはそれから間も無い事であつた。処が仏教布教差許の内務省令八百九十一号は八月九日発示されたに拘はらず、其の省令は未だ此の島根県下に頒布されて居らなかつた。従つて県下布達の及ぶ迄で諸準備を見合せねばならなかつた。そこで一旦引揚げて本山へ復命せんとしたが、今空しく引揚げては将来の開教に支障するを懼れ、又一方、島中信仏帰仰の人々に対しても振捨て難く考へられ、且つ又再度の渡海を期するのでは追々寒気荒天に向ふ時節となることも慮かられ、遂に同人は意を決して御布達も何れは有るべき事ゆへに自身も滞在し、又開教伝道の為めの教導職も即時に渡海せしめて暫時滞在せしむと云ふ方針の下に島根県支庁に右伺書を出して了解を得たのは十月十三日の事であつた。

斯くて北方祐央河崎顕成（権少講義）外五人、管長の人選を以て渡海せしめること丶なつた処が、支庁より孤島の住民が頑固であるから開教に対して粗暴があつてはならぬ全島へ説諭書を相添へて告示し、又説諭の為め巡回もせしめるから教導職渡海のことは暫く猶予する様にとの事であつた。此間に於て西本願寺に於ても香川黙識を遣はして計画せしめる処が有つたが、支庁の方は空しく延引するのみであつた。再三再四の交渉伺ひに依つて漸やく十二月一日より開教実施と云ふことに決定した。かくて教導職も渡海を得て開教最初初声は島根県隠岐国西郷西町岡部武八方仮説教所より挙げられたのである。

以上に依つて知らる丶如く第二次篠原順明時代は開教施設に全力を傾注し、当派布教の海外発展を期したものであつた。

第五代寺務所長、石川舜台時代

第二次石川舜台寺務所長の出現であつて、これは明治十一年一月九日より末日に至る極めて短い期間である。

此の間の期間に於いては支那留学生薦挙法の制定、朝鮮に留学生（楓玄哲、谷覚立、蓮元憲誠、鈴木順見）の派遣、洛東花山に火葬場を設置した以外、知ることが出来ぬ。

第六代寺務所長、篠原順明時代

明治十一年二月一日以降十四年十月末に至る期間、大体に於て篠原順明時代と称するを得る。但だ此間往々代理執行の時があり、又所長の名称を廃して執事の役名による事あるも今概括して篠原順明時代と概称する。

此所謂第三次篠原順明時代に於ては漸くその宗政施設の機関に緊縮の傾向が現はれ、十二年五月両堂再建事業の発示さるゝや全力をこれに傾注するの必要上諸種の方面に廃合を断行し、以て統整せんとする風の顕著なるものが有る。（つゞく）

（『真宗』第三七八号、昭和八年四月発行）

明治維新以後に於ける大谷派宗政の変遷（八）

第六代寺務所長、篠原順明時代（つゞき）

明治十一年二月一日以降十五年二月十八日に至る期間を以て、所謂第三次篠原順明時代と称するので有る。

此の時代に於ては、宗政施設の機関に改更緊縮の傾向が現はれ、十二年五月両堂再建の御発示さるるや、全力傾注の必要上諸種の方面に廃合を断行し、一時の統制を期せんとする風の顕著なるものが有る。

又当時に於ける本山の債務は四十有余万円に達して居たと云はれ、而かも内部宗政者の間には宗権争奪の抗争が露骨となり、表面化して来たので有るからして是等の事情も緊縮衰頽の助縁となつたことである。其の抗争対立の一つは石川舜台の一味で有り、一つは渥美契縁の一味で有つた。

此点より明治十年より十六年頃迄を、本山の紛議時代だと故平野履信耆宿の語られたことが有つた。

十一年一月十日の事で有る。石川舜台は同志十余名を東山栂尾楼に集めて盛宴を張つた。当時の監正課録事渥美契誠は石川の意が私党を樹て、私利を謀るに在ることを探知して、突如宴席に趣き、酔ひを装つて舜台を罵倒した。舜台遂いに怒つて契誠の面部を殴打し、為めに契誠は傷付いて帰つた。これを知つた篠原順明は又舜台と間隙が有り、旁々以て此の一件を槇村知事、木村警部に報知した為め、官権の詰問する所となつて、宴に与る芸妓等に至る迄で下京警察署に引致され、峻烈なる尋問を受けたと云ふ事で有る。これが為め石川舜台は権中教正及議事を辞し、禁獄三十日に処せられ、小早川大船、沼僧淳、谷了然、北方祐央、小早川鉄僊等これに坐して職を辞するに至つた。

（十一年二月）

かゝる両党の抗争は其後も屢々繰返へされて、明治十六年六月には遂に井上馨参議等の調停に依つて、枳殻邸に於ける両党会同融和の一幕となつたので有つた。宗政の変遷を見る上に考慮せられねばならぬ事柄で有らう。

かゝる内外の事情によつて、篠原順明内局は先づ緊縮政策を執らねばならなかつた。

十一年二月十六日には広島寺務出張所を閉鎖し、十二年四月には金沢と名古屋の寺務出張所を閉鎖し、遂に十五年に至る迄での間に函館、仙台、東京の三出張所が廃止されるに至つたが、此の地方事務の緊縮に就ては相当の支障と困難とが伴ひ、可成りの苦心が払はれたと想像し得らるゝ。

何んとなれば、当時の本山には四十有余万円の債務が有り、一方には両堂再建と云ふ大土木工事業の遂行をひかへて居て、本山と地方とは万般の上に、特に此際協力一致密接なる連絡を保持する必要に迫られて居た筈で有るからで有る。

これに依つて廃合せられたるもの、多くは、結局宗門教育の機関に於てゞ有つた。これは異常なる一時の膨張より見れば止むを得ぬ結果で有らう。

然し乍ら総代組長詰所規則の制定の如き（十一年二月十九日）、正副組長役務程則の如き、或は諸国の布教掛を設置し（十二年八月二十七日）布教使を置き、又薦挙試験条例を定めた如き、或は京都の亦成講社等の如き、自ら宗団意識の昂揚と、厳護法城の精神を涵養することに資したものと解せられる。

かくして十二年五月十二日両堂再建の御消息は発示せられ、十七日再建事務局は設置せられたので有る。（此の再建事業は別に「両堂再建史」として記述すべきものとす）此時に当つて、度支課教育課には用掛が設けられて、教育用掛は専ら説教或は説諭の為め地方出張の任に当てられたので有る。又一方本山財政上の刷新を要として、十三年三月十六日には会計調査局を設くるに至つた。（本山の財政に就ては別に「宗門財政史」の記述を要するものとす）然し乍ら、大事業の遂行と大債務の整理の為めには、寺務職制の改定を全般的に断行せねばならぬ事となつたので有る。即ち十四年五月八日寺務所職制章程並上局事務程則の改定を達示し、執綱の設置されたのは此時で有る。今其の職制をみるに

寺務所職制

法主親臨

執　綱　　法主を輔翼し寺務を総理す。

執　事　　職掌執綱に亜ぐ執綱事故あれば之を代理するを得。

議　事　　諸機務議判の事を掌る。

准議事　　職掌議事に亜ぐ。

大録事
准大録事
録事
准録事
（以上）執綱の命を受け寺務の一部を幹理す。

承認　一等より六等に至る録事の指揮を受け庶務に従事す。

寺務所事務章程

寺務所は法主親臨し執綱執事之を輔翼し議事准議事之を議判して機務を総理する所なり。

第一条　執綱掌管の寺務は左の局課並寺務出張所に分任して整理するものとす本局教育課度支課内事課法要事務局再建事務局寺務出張所。

第二条　本局は寺籍堂班得度式帰敬式褒賞賑恤末寺住職の進退に関する一切の事務を整理し輪番組長視察等及末寺僧侶の進退黜陟を審理し本尊経典を授与し諸般の文書を受付し公文往復記録を調理し法例を検案し印章を監守し其他の局課に関せざる事務を整理す。

第三条　教育課は勧学布教一切の事務並教校説教場及講社の事を審案し得度住職等の能否を検査し書庫並編集の事を監理す。

第四条　度支課は金穀出納一切の事務を整理し金穀並地券証書類を監守し会計用度営繕等の諸掛及諸講中を統卒す。

第五条　内事課は内事に関する庶務を整理し従者等の進退黜陟を審案す。

第六条　法要局は宝鑰並法器を監守し本山法要式並参勤及得度式帰敬式（本局に関せぬもの）声明習練等の事を整理す。

第七条　再建局は両堂再建一切の事務を整理す。
第八条　出張所は前第二第三第四条中其部内に関する事項並各局課より委托せし事務を整理す。
　上局事務程則
一、諸局課の上申取捨の便宜を謀り施行の緩急を判す。
一、凡親裁を乞ふ上書其事重大に渉る者は准議事以上連署すべし。
一、親授役員を進退し教正の進退を具状することは法主の親断に出ると雖も准議事以上之を輔賛することを得。
一、寺務役員稟授以上の進退黜陟を上請し例授は専行の後之を上申す。
一、諸局課役員を随行及派遣せしむる時は主管の局課に諮詢施行すべし。
一、制度条例等を門末一般に告達するは都て執綱の名を以てす。
以上を以て寺務の組織及び其の掌管する処を知る事が出来る。

六月二十五日、従来公文書に東本願寺と称して居つたが、大谷派本願寺と改称され、西本願寺又本願寺派本願寺と改称したので有る。

十一月十日には大谷派真利宝会が設立された。これは篠原順明が正金銀行頭取中村道太と謀つて設立した所のもので有るが、十六年八月遂に廃止されて居る。設立の当時は随分力を注いだもの、如くで有る。（是等に関しては『宗門財政史』として記述すべきもので有らう）此の真利宝会は、開拓工業農産の誘導蓄財並に預金の勧奨、公債証書保護預り及び利金立換、相資組合法、巡回手形等の取扱を以て主務としたもので有り、其の役員は総理篠原順明、総理補渥美契縁、検査役阿部慧行、理事平野履信、穂積寅九郎で有つた。

明治十五年に入つて、一月十日再建事務局職制章程並事務取扱条例が達示され、二月十八日執事篠原順明は退役したので有る。

此年一月岩倉右大臣より命が有つて渥美契縁は東上した。蓋し先年隣山西本願寺が山科蓮如上人墳墓の地を私有とした為め、東西に紛議が生じ、東は之れを政府に内願し府庁に請求して復旧を謀つたが、久しく纒綿して事件は解決しなかつた。岩倉公深く之を憂へて、井上参議に嘱して調停せしめた。これに依つて西本願寺の大洲鉄然と契縁とが招致されたのである。一月より三月に亘り三月、慧灯大師の謚号を賜下せられ、山科の墓地は一度上地とし、三月二十二日更めて此地を両本願寺に寄附せられて、以て共有地となさしめて此の事件は局を結んだので有る。

所が内部宗政の上には、二月十八日執事篠原順明が退役するや四月二十日、渥美契縁、長圓立、小早川大船、鈴木慧淳が執事に任ぜられ、各局長を兼ね四頭宗政が行はる丶事となつた。然し乍ら犬猿の間柄で有てもとより歩調の揃ふべくもなかつた。

此時偶々高木契則は東京に在勤し、鈴木慧淳と謀つて相州に於て再建の用材を購入し、其の事頗る人の疑惑をひき物議紛々たるものが有つた。長圓立はこれに依つて慧淳契則を斥けんとし、石川舜台、篠塚不着又外に在つて長圓立を応援し、能登の佐々木巽牛、江尻静継、江州の東義範等数十人、谷了然、橘智隆これ等又舜台一味に合流して総会議を請願し、騒擾日に甚しく、所員も又自から去就分裂して寺務は停頓し不穏の形勢となつた。

これに依つて契縁は慧淳を斥けるの不可を諭したが、圓立は肯ぜず、遂に東上して契縁、慧淳の私事をあばき、法主に讒し執綱に迫つた。時恰も新法主の師範役に谷鉄臣なる儒者が有つて、長圓立、橘智隆の讒訴を信じ、速かに契縁を斥けんことを勧め、為めに九月十八日契縁は執事を辞し、鈴木慧淳以下も職務差免となつた。其後間も無く長圓立、篠塚不着、足立法鼓、橘智隆に改正掛が命ぜられた。

然るに今度は在京の僧俗が蜂起して改正掛を免ぜんことを乞ひ、数百人党を為して大寝殿に侵入し留つて去らず、昼夜喧囂を極め狼藉を為し、流石の改正掛も避けて出仕せず、寺務所員為めに動揺し、事務また停頓し録事の多くは改正掛に服せず、執綱も又如何とも為し難く、遂に長圓立以下の改正掛を解き、更らに契縁圓立に教用滞在を命ぜられたので有る。当時阿部慧行は度支副長で有つたが、相州山林の事に関係あり、且つ大患に罹りて事を執ること能はず、執綱又職を辞して遂に十一月二十日大谷勝珍参務となり、小林什尊准参務となり、阿部慧行病癒へて顧問となつて時局を収拾し、紛擾の中に明治十五年は終つたので有つた。

翌くれば明治十六年岩倉右大臣大いに我本山の紛乱を憂ひ、家臣香渡晋をして来山せしめて調停を謀らんとしたが、事既に詰まつて容易に解けず遂に井上参議に嘱した。そこで井上参議は櫻井社寺局長を従へて来山し、岩倉公も亦二男具経を率ひ病を冒して西下し、調停に心を用ひ、北垣府知事もまた公の命を受けて尾越書記官と共に斡旋の労を執るに至つた。此時契縁は既に加賀の小松の自坊に在つて敢て事を求めず、独り長圓立は屢々参議等の門を叩いて求む所が有つたと云ふ。それが為め長圓立をして事を執しめんとしたが、岩倉公の胸中には高踏勇退して独り自坊に在つて、専心教導に尽して居た契縁の風格に想到する所が有つて、長圓立を起用するならば先づ渥美契縁を呼ぶべしとし、参議知事又これに賛し、遂に契縁を小松より招電したので有つた。六月七日契縁入京し知事と共に井上参議を木屋街の生庄楼に訪ねたのである。

参議曰く、今回本山の調停を謀る、足下と圓立をして事を執らしめんとす異存なきや。
契縁曰く、異存無し。
参議曰く、真利宝会大いに本山の経済を誤る、これを廃止せんとす異存無きや。
契縁曰く、無しと。
参議曰く、外国布教は労多くして効少し、之れを止めんとす如何。

契縁曰く、別院を廃するは命を聴き難し、今後の拡張を止むること命をきくと。
これに依つて、六月十三日契縁、舜台、圓立以下の旧役員、勝珍、什尊、慧行の現役員が井上参議、府知事等と共に、両法主臨御の下に所謂枳穀邸会同の一幕となつたので有る。

（『真宗』第三八〇号、昭和八年六月発行）

明治維新以後に於ける大谷派宗政の変遷（九）

第六代寺務所長、篠原順明時代（つゞき）

前述の如くして両者の抗争紛擾は井上参議の調停に依つて明治十六年六月二十二日枳穀邸に於て和解の会同が行はれたのである。（海野覚夢記「枳穀邸同盟会記」には二十二日とあり、渥美契縁自筆「厳華自伝」には十二日とあり）

会同は午前九時からであつて、参集の人は縉紳にては井上参議、櫻井社寺局長、京都府知事、岩倉嗣君、尾越大書記官、外数名であり、山内では両御法主殿を始め御連枝御三方、大谷勝珍参務、阿部顧問（慧行）、小林什尊准参務、録事一同、承事四名（篠原良昭、菊池静誓、佐野圓徴、海野覚夢、宮島得雄）、学師では細川千巌、楠潜龍、これに渥美契縁、長圓立、篠塚不着、石川舜台、足立法鼓、谷了然、橘知隆、沼僧淳出席し、一同の着席を畢つて井上参議先づ立つて大法主殿に告ぐる所あつて一場の演説を為した。其の要旨は

「自分は西本願寺の門徒であるが、頃者頗る後悔する所がある。其の所以は僧界は温厚篤実なるものであると予想したるに、豈計らんや其の闘争心は却へつて俗界よりも烈しいものがあつて、先きには東西本願寺の山科墳墓の争

があつて、既に法庭に其の曲直を裁かんとした。実に慨歎すべき事柄である。凡そ東西の抗争軋轢は徳川幕府の政略に出づる事であつて、世人周知の事であるが、今日に至つては世態は異り政府の政策も大いに改更されて居る。徒らに旧習に泥みて抗争するが如きは愚の至りである。自分は先きの山科墓地の問題にも岩倉右府公の依頼にて兎も角も穏便に治めたのであるが、今度は当山の紛擾に就て又右府公の依頼を受けたのである。熟々紛擾の原因を想ふに維新の際は廃仏等の迫害に依つて僧侶一同夢を覚まし精神を籠めて尽力したが、終に安泰に及ぶ事を得て怠惰の心を生じ、旧時の苦心を忘れ本山の大事を忘却して己れの事に執じ相軋轢して今日に及んだ。故に其の原因を匡して旧時の誤りを謝し共和以て本山に尽すの外は無い。共和の事は法主もこれを可とせらるゝのである。又講中の意見を聞くも結局出納取締の法を立て、規則の趣意が通れば共和の事を喜ぶのである。乍併敢て共和の事を強制するのでは無い。各位自から本心に問ひ共和の可否如何の意見を聞かんと欲するのである」

以上の如くであつた。是に於て渥美先づ共和の可なることを述べた。石川、長、各々また之れを賛成し当局者阿部慧行これに賛同して一座の新旧役員は皆、共和を可なりとしたのである。

参議云く、共和を可とするも其の実績無き時は詮無き事である。

渥美云く、宜しく盟約を為すに如かずと。

参議云く、然り既に是に按文を認め置たればこれに就て意見あらば遠慮無く申述ぶべし。又此の盟約条欵は法主より社寺局長と京都府知事に内々御届置き相成り、不都合の有つた時は局長知事等も干与して相制することになせば将来の為め可ならん。乍然此の盟約の用を為すことを望まず早く反古となし度きものであると。

是に於て盟約条欵を朗読するに意見あるものは無く、更らに寺法等の諸規則の草按を朗読して盟約の議は終了したのである。参議はまた法主殿に対して旧役員が謝罪する時はこれを赦免せんことを乞ひ、法主殿又御許容あつて参議は復席されたのである。而して談話の間に共和と出仕との別なる事を弁じ、共和したとて直ちに役員となれると思ひ誤る勿れと誡められ、又互ひに愚痴と疑心を懐く勿れとも警告されたのである。

吾人は今未曾有の枳殻邸会同に於ける「誓約書」なるものを繁を厭はず掲載せんと欲ふ。

「誓約」

宗教を護持する要は本山の根基を鞏固ならしめ其の主義を一定するに在り。故に党派を結び彼我軋轢する等の事を止め、且つ会計規程を厳にし紛議を将来に絶たんが為め其の要領を明記し、向来之を確守することを誓約す、左の如し。

一、法主を翼載し真俗に亘り命令を遵守する事
一、新法主と他の連枝との間に存在する情義を益調和するの輔翼を務むべき事
一、節約を主とし奢侈を禁ずべき事但し飲食衣服等は応分の制を設くべし
一、道徳を重んじ品行を正し猥褻の所業あるべからざる事
一、政党政社は其何主義たるを問はず一切関係致すまじき事
一、当局者猥りに旧役員輩の失体を発露し非役者も亦当局者の失策を攻撃し相互に軋轢を起す事を戒め、勉めて交際を開き懇親を厚ふし僧侶たるの本分を守り物義を去り懇篤に論意の説話を致すべき事
一、当局者若し当職を退きたる後と雖も、自己在職中の主義を張り若くは後任者の事務に阻碍をなし、又は自他在職中の残務を発露する等の所業あるべからず、但満期又は事故ありて退職せし時速かに其の住職寺に帰住し虚心を以て只布教上に従事する事
一、役員事務上の事件に就ては既往将来に論なく相互に和熟懇談を旨とし、議論ヶ間敷振舞無之様致すべき事

一、職務交替授受の際は若しくは其後と雖事の結了し難きもの有る時は関係あるものに協議し彼我其補治を取計らふ事

一、既往を問はざるは勿論尚ほ将来此の盟約に違ふの所為ありと認むる時は、先づ再三本人に告ぐべき事

一、新に諮詢所を置くこと、但人撰は法主の特権たるの主意を確守すべき事

一、諸方の懇請に応じ世間の事業を助け諸会社に加入出金等致す間敷事

一、本山の経費支出は収入に超へざるを目途とし、布教の着手又は役員の増減等斟酌すべき事、但し収入の中より年々幾分を余し別段蓄積非常用に供すべき事

一、従来の負債は漸々償却の法を設け、諸末寺への貸付金を督促し収集し之が貯蓄法を定むる事

一、役員たるものは現今将来共本山の諸法度を確守すべき旨法主に対し盟約書を差し出すべき事

一、此度相定むる諸法制は社寺局並に京都府に届置き其の保護を請ふべき事

一、諸役員若し相定めたる法規に違ふ者は右盟約に背きし廉を以て法主は進退を決せしむべき事

一、諸別院事務所派出の役員等は法主の委任状あるに非ざれば本山又は役員の名義を以て借財を禁ず

一、寺法及び諸定規条例に従ひ事務を執行し、自然小節目に就き彼我其の意見を異にするものある時は先づ協同し其意見の当否を熟議し熟議の上協議相整はざる時は双方の理由を具へ今般調定関係者の決を受くべき事

一、前条に記列したる事項に違ふ所業ある時は社寺局長並に京都府知事より推問又は臨時の処分を受くべき事

右の条々各自慎守可致依つて銘々自署銘印し誓約する上は若し違背に及ぶ者は相当の処分を受くべき者也

明治十六年六月二十二日

奥村　圓心　　篠塚　良昭

菊池　静誓	渥美　契縁
石川　舜台	篠塚　不着
谷　　了然	平野　履信
小早川鉄僊	三那三能宣
藤原　励観	和田　圓什
沼　　僧淳	梅原　　譲
菊池　秀言	楠　　潜龍
細川　千巌	宇磨谷教聞
経塚　寿慶	鬼頭　廓龍
目南　神洞	朽木　唱覚
浅井　義天	澤　　實温
佐野　圓徹	重永　元誓
長　　圓立	足立　法鼓
川那邊證空	泉　　祐護
海野　覚夢	橘　　智龍
阿部　慧行	小林　什尊
大友　秀諦	宮島　得雄
鈴木　慧淳	佐々木祐義

藤林　廣顕　小早川大船
小川　僧泰　（以上）

以上の如して本山の紛擾は兎も角もこゝに於て解決を得た。宗政の上に因縁の浅くなかつた岩倉右大臣は、帰京の後ち病愈革まり此年の七月二十日薨去された。これより前、右府公の病革まるの報が本山に入るや、七月八日新法主殿は公の病を問ひ、併せて大法主殿に代つて調停の労を謝するが為め東上せられ、契縁、圓立は随行したのである。此時井上参議は、契縁と菊池秀言に説いて、智隆、慧行等の就任を現役員に勧告したのである。

此時に当つて偶々長圓立、小早川大船の二名が債主となり、舜台、谷了然が保証人となつて二十六銀行から八万円を借用した事が暴露したのである。而かも其の証書は署名の上に役印を捺し氏名の下には実印を押し私借を粧ふて公借に擬してあつた。これは該銀行の支配人高橋某と共謀して為されたものであつて此の大問題は遂に井上参議の訊問する処となつて長、石川、小早川を霞ヶ関の官舎に召致し、契縁、秀言又参座せしめて其の不正なる行為を責め各自尽力して償還すべきことを命ぜられた。固より本山の公借では無かつたのである。而して債務償却を完了する迄では本山に任用すべからずと厳達されたのである。これが為め足立法鼓、橘智隆、梅原譲、藤原励観、平野履信、和田圓什等は東京に召集されて契縁と共に善後策を講じ、八月下旬帰京し、八月三十日寺務組織の改更を行つたのである。

即ち待問所は廃されて諮詢所が設置され特選賛衆なる者が二十名置かれた。又調理課が廃されて新たに本局中に書記局を置き、調理課所管の事務を扱はしめ、度支課を分つて度支、理財、検査の三課を置き、理財課中に商量員を置いて僧俗三名宛を登庸したのである。而して此月真利宝会は廃止されたのであつた。

九月十一日参事大谷勝珍は辞任せられて、阿部慧行、渥美契縁が参務となり十七年二月二十日阿部慧行が執事となつたので有る。
今契縁慧行の両参務時代は極めて短きが故に執事阿部慧行時代に摂属せしめて其の宗政を叙せんと欲ふのである。

第七代寺務所長、阿部慧行時代

歴代寺務総長の中に於て執政の期間最も長きは阿部慧行で有る。明治十六年九月十一日より二十一五月六日に至る期間此れを阿部慧行時代と称する。

前回にも一言せる如く此の時代は本山財政の最も窮迫せる時であり、一方、両堂の再建も石築を終つて立柱式に移る時であつたが、井上参議の如きは宗門の財政を見て一時の中止を勧告した程である。其の上数年に亘る宗教上の紛擾は愈々其の疲弊を将来し心有る者の信用を失はしめた。此時に当つて学徳を兼ね内外の信用を荷つて質実剛健に所信を断行し、着実なる宗政を執つて特に財政史上著しき功績を遺した者は浄修院慧行であつた。

扨て十六年九月十二日先づ大谷派の寺法を制定した。全文総て十四条である。

大谷派寺法、

第一条、真宗大谷派の本山は一派内一寺に限る
第二条、本山は従来の慣例によりて法主の寺領とする
第三条、本山は派内の寺院及び門徒を管轄するの権力を有す
第四条、法主は宗祖以来血脈伝灯の善知識にして本山本願寺の住職たるものとす
第五条、派内教導職の管長が法主たるものに限る、但し管長は派下教正講義を以て其事務を代理せしむることあるべし

第六条、宗義安心の正否を判決するものは特に法主に限るものとす
第七条、派内の僧侶を度し帰向の信徒に帰敬式を授くるは法主に限るものとす但し帰敬式に限り連枝を以て代理せしむることあるべし
第八条、本尊影像裏書及寺号仏号を附与するは法主に限るものとす
第九条、末寺僧侶にして本山の法度に違背するものは例規に照して処分するものとす
第十条、派内に告達する文書は執事署名するものとす
第十一条、執事は法主を輔翼し百般の事務を総理し其名を以て執行し皆其責に任ず尤も一員に限る但し連枝は執事となすべからず
第十二条、参務准参務は百般の事務に参じ其の責任執事に亞ぐ但執事事故ある時は参務其の代理たること有るべし
第十三条、制度条例の制定若くは変更は法主賛衆をして評議せしむることあるべし
第十四条、会計に係る事務は別に定むる所の規則による

（『真宗』第三八一号、昭和八年七月発行）

明治維新以後に於ける大谷派宗政の変遷（十）

第七代寺務所長、阿部慧行時代（つゞき）

前回に記述せる如く先づ大谷派の寺法が制定されたのであるが、これは彼の枳殻邸会同の時井上参議に依つて提

示された所のものであらう。而して九月十五日非常の改革に付き支那国布教を中止し、併せて朝鮮国、元山津説教場を廃止するの達示が出されて居るが、これも又井上参議が曾つて渥美契縁に勧告した所に由るものであらう。此時本山には又本局用掛なるものが設置された（九月十五日）今其の程則をみるに次の如くである。

本局用掛程則

第一条　本局用掛は役員欠乏の際臨時に之を使用する者なれば別に本務の事項を定めず

第二条　本局用掛は在京在国を問はず之を使用せざれば手当を給与せざる者とす

第三条　本局用掛を使用する時は旅費手当及滞在日当等別記の通之を給与す

此年十六年十二月二十一日正副組長、視察、地方教校事務掛、説教場事務掛、布教掛、教社正副幹事を以て総べて国役と称し十級取扱ひと定め、二十七日所内の職制章程等を改正し、こゝに三局六課の制を定めたのである。即ち上局、書記局、法要事務局の三局と、教育課、庶務課、理財課、度支課、会計検査課、内事課の六課で、上局なるものは執事、参務、准参務を以て呼称するのである。

次に其の章程を見るに

上局事務章程

第一条　上局は所内百般の事務を総理する所なり

第二条　諸課局より上申する文書は書記局に於て之を調査せしめ其可否を審判し主任の課局に附して之を施行せしむ

第三条　相談会に附すべき事件は相談会規則によりて内議せしめ其の可否を審判す

第四条　凡そ親裁を乞べき文書は執事の名を以てし其事重大に渉る者は准参務以上之れに連署すべし

第五条　親授役員を進退し教正の進退を具状するに当り法主の下問に応じ其の意見を陳ぶ
第六条　稟授役員の進退は具状して後之を処し例授役員の進退は其の課長の具状により執事之を専行して後ち法主に上申す
第七条　各課局或は門末一般へ令達すべき者は都て執事の名を以てす

書記局事務章程

書記局は上局の指揮により諸般の文章を起草し各課局の諸申状を調査し之を例規に参照し又は其事実の当否を調査して上局に進呈し允裁許可を経たる文書に指令を附して主務の課局に付するの所たり其の幹理する事務を支分する左の如し

往復掛、職務掛、監視掛

当局主管の事務は総て上局の指揮に従ふ者なれば其の条項予定し難しと雖も其の担当常務大略左の如し
第一条　法主の名を以て諸官庁へ往復する文書の草案を作る事
第二条　諸本山の往復文書を起草する事
第三条　諸告達諸規則等を起草する事
第四条　度牒並諸辞令を調製し及び紙品を更正する事
第五条　教導職進退具状の下調を為す事
第六条　職員役員録編製の事
第七条　職員役員履歴簿編製の事
第八条　職員役員印鑑簿調製の事

第九条　各課局の印章及役印調製の事
第十条　宿直の順序を定むる事
第十一条　諸記録編製の事
第十二条　定額を以て局中必需の器具を購求又は修理する事
第十三条　局務に関する条件を諸課局へ照会する事
第十四条　局内例授以下の役員に例規ある褒賞を行ふ事
第十五条　諸察状を取扱ふ事
第十六条　出退簿を検閲し勤惰を取調る事
第十七条　諸役員及末寺犯則の者の処分案を製する事

法要事務局

職制等総て旧に依る

以上が三局の事務章程であるが六課の中、教育課には勧学掛、布教掛を支分し、庶務課には庶務掛、授与掛を分ち、度支課には出納掛、会計掛、用度掛、雑務掛、営繕掛を分ち、理財課には行務部、商量部を分ち、以上の四課の章程には各々上下二欵に分ちて示し、会計検査課には十ヶ条の章程を設けたのであるが、内事課は職制も章程も従前の如くであつて改正されてはおらなかつた。而して金穀に関する貸借は理財課の権能にして他の局課には此の権限無きものとせられた。

処が明治十七年四月二十七日に至つて左の如く改更せられて居る。

「今般事務の都合により左之通寺務所内各課局の名称を廃し各部局を置く右稟命告達候事」

執事　阿部　慧行

一、書記局及教育課を廃し該局課の事務は総て本局に於て掌管せしむ

一、庶務、度支、理財、内事の四課を廃し庶務、会計、内事の三部を置く

一、会計検査課を会計検査局と改称す、但、職制章程等総て旧に依る

一、再建事務局を廃し再建作事部を置く

而かも此の三部（庶務、会計、内事）の中庶務部は十月二十九日廃止されてその事務は本局に掌管すること、なり、結局上局と会計、内事、再建作事部の三部と検査局の一局となつた訳けである。

前回には述べた如く十七年三月頃迄では渥美契縁、阿部慧行両参務の執政で有るが、此の四月頃よりは阿部慧行執事としての宗政が実際上に行はれ始めたのであつて、本山寺務職制等の上に右の如き改更が行はれたのである。今其の改更の跡を熟思するに内事は別として又検査局は会計部の後見役であるからして、これを一体の機関とみる時、当時の寺務宗政の主力は要するに会計部と再建作事部に置かれたのである事は此の寺務機関組織の上に明瞭に看取し得る事柄である。これ吾人が前回に於て一言した所である。

而して此の再建作事部会計検査局の仮手続書が五月十六日に告達され二十日より施行せられ、又二十七日の達示によると会計部中に融通掛なるものが置かれて居る。当時の会計部長は執事阿部慧行の兼摂する所であつた。

斯くの如くして明治十八年度に入つたのである。

処が当時本山の財政は窮迫のどん底に在つて再建の職工人夫の賃金学校寺務処の俸給日常品の購求に至る迄で一切支給出来ぬ状態にして負債総額参百余万円と称せられた、これは十六年八月廃止された彼の真利宝会が事、志と違ひ創立より（十四年十一月十日）満一ヶ年半にして閉鎖の運命に陥入つて招来した処の負債と、当時世上一般の

利子の騰貴した上に本山財政の信用は彼の紛擾によつて失墜し、高利でなければ僅々千円の借用すら得難く負債は何れも短期であつて、期限毎に利子に手数料に冗費を嵩んで累積した結果に外ならぬ。而かも今やこれを支ふの途殆んど絶へてまた如何とも為すべからざるに至つたのであるから執事参務の苦衷は一方ならぬものであつた。

時偶々大蔵卿松方正義が大坂に西下せるを聞いて渥美参務は往いて本山の危急を訴へて救済の方法を懇請したのであるが、肯首しようとはせなかつた。其後又参務は桑門志道を伴つて東上し、東奔西走日夜に活路を求めんとして大蔵卿は勿論井上外務卿にも衷情を訴へて求めたのであるが容易に受諾しようとはせぬ。これに依つて参務等は不屈不撓東京三田の松方邸に日参すること四ヶ月、十月に至つて松方伯も遂いに其の窮状を憐んで初めて三井銀行総裁西邑虎四郎に懇請せしめた。又一方北垣京都府知事が疎水事件の為めに東上せしを機会に其の旅寓を訪ふて一臂の力を求め、知事より松方伯に西邑総裁に説かしめたのである。乍然銀行には自から其の規則が有つて直ちに応じかねる故を以て神戸支店の小谷政一行員を以て本山の実情を調査することとなり（小谷政一行員は本山旧家臣の関係者と云ふ）兎も角その結果参拾万円の貸付を得たのであつた。而して十五万円を現金として持ち帰り十五万円を公債証書としてこれを抵当として三井銀行に預けて十一月二十六日帰山し、俸給傭賃及急迫せる負債利子の支払を済したのである。

かくして此の参拾万円償還の方法ともして本山と三井との間に黙契せられたのが相続講であつた。（即ち男子一口貳円以上女子一口壹円以上とし其の講金は即納漸納の二種とし漸納は二十ヶ月を以て納めるとした）凡そ本山の窮乏せることは従来の放漫なる財政策によるものであるが、他面法義の不振にも依るものとしてこゝに法義の相続を策励し、兼ねては本廟の維持相続を助成せしむる為め十一月二十九日御正忌御満座の当日大寝殿に於て御直命が有り相続講設立の御発示となつたのである。

十九年に入つて愈々相続講員募集の為め百方事を進めて行つたのであるが、是に京都府下の僧侶小松凌空、江州の東義範等共謀し、浮浪の暴客信太歌之介等と結んで六条銭座天部等の者を誘ひ、寺務所に迫り執事参務以下の邸宅を脅やかし以て相続講員募集のことを妨害したのである。これに依て小松凌空以下を除名処分に附したのであるが、却つて彼等の激昂を買ひ三月大法主殿相続講奨励の為めに越前加賀能登越中諸国を巡化せられんとするや、其発程に当りて脅迫益々烈しく石川県の暴客盈進社員を誘ひ来つて暴行を働かんとしたのであるが、寺務所員協力して是に当り警官又充分の保護を加へて大事に至らしめなかつたのである。

然るに愈々北陸に御下向にあらせらるゝや信太歌之介東義範等密かに尾行し来つて彼の地方を煽動せんとしたのであるが、京都府より各県庁への通牒によつて到処警官の護衛を得、就中、金沢に向はせらるゝ時の如きは犀川橋畔より横安江町別院迄凡そ二十町両側に巡査を立たしめて間隙無からしめた程であつたので暴徒も手を入れるの余地が無かつた訳けである。

かゝる間にも相続講は日々隆盛に赴いたのである。依つて七月法嗣殿は契縁を従へて東上し、松方伯西邑虎四郎に昨年の助力に対する謝意を表し、今後の保護を依頼したのである。是時負債整理の顚末及将来の会計方針を協議したのであるが、西邑は第一に経費の節減を勧告し且つ両堂再建の中止を提議したのであるが、再建中止不可能の理由は了解を得て八月帰山し、これより各局課の定額を減じて僅かに五万参千五百円を以て一ヶ年の常経費とし、九月更らに東上して松方伯西邑総裁に懇談する所があつたが容易に容れられず、十二月一日更らに東上して拾六万円の借用を得以て高利又は危急の負債を償却し得たので有る。

吾人は十八年十九年に亘つて寧ろ財政上のみを記せる如くで有るが、此の両年は宗政上の変化無く殆ど此の財政上の問題のみに終始して居るのであつて、而かも此の事柄たるや省略を許さぬものである。依つて貴重史料よりそ

の裏面史を描出した訳けである。読者は之を諒とせられ度い。（つゞく）

（『真宗』第三八二号、昭和八年八月発行）

明治維新以後に於ける大谷派宗政の変遷（十一）

第七代寺務所長、阿部慧行時代（つゞき）

前回にも述べた如く、明治十八年頃に於ける本山の財政は窮迫の極に達して居た。それであるから、債務は山の如く嵩み、債権者は潮の如く押寄せた。厳重なる談判やら、罵詈讒謗やら、実に悲惨なる状態であつた。此間に処して、忍従努力、其の衝に当つた者は、当時の上局であつて、就中、執事阿部慧行、参務渥美契縁の力は認めらるべきものが存する。斯かる状態で有つたからして、本山台所門内には、「うどん屋」の出店が出来、多くの債権者の為めに大繁昌であつたと云ふ。

又、阿部慧行執事の如きは、日々是等の債権者を相手にして、其の強談やら恐迫やらを聞かねばならぬ事からして、其の対談には、如何なるを讒謗を受けても声色共に動かさず応対する必要上、常に、紙縷を用意して居て、話が面倒になると、盛んに耳に差込んで、耳を掃除するかに装ふて、聞かぬ用意をしたと云ふ事である。

而かも、是等債権者と談判する裡に、フト思ひ出したかの如く、香月院とか、香樹院とか云ふ先哲の残した有難い話を持ち出して、語り聞かせ乍ら喜んだと云はれて居るが、其の態度が、如何にも自然に、自から喜び人を誘ふと云ふ風であつた為め、債主の態度も和らぎ、要領を得ないで帰つて仕舞ふ。「あれではてんで話が出来ぬ」「ほんとに困つた事だ」と、大玄関を出がけに、債主達は愚痴をこぼし合ふ事が数次有つたと伝へられる。今、吾人が殊更に、こゝにかゝる記事を掲げる所以は、そこに、宗教の真諦に就て、啓示さるゝ或物に接するが故である。
扨て、かゝる状態の中にも、本山の財政は外護の力の下に、兎も角も必死の活路を開き、一方にまた、相続講の進展隆昌に伴つて、局面打開の動力を得たのである。明治十九年三月十二日、相続講施行用掛仮章程が制定され、三月十五日には、寺務所職制章程の全般的改更が行はれた。

寺務所職制章程

所内の事務其の管理する所を分つ左の如し。
本局、――教学科、文書科、監視科、受授科
会計部、――出納掛、整理掛
内事部、
再建作事部、――土木掛、出納掛
法要事務局、
会計検査局、

職制

執事、一級、一員、
所内百般の事務総理の責に任ず。制度法令執行の責に任ず。
参務、二級二員、
准参務、三級二員、

所内諸機務に参じ執事の事故有る時又は欠席する時は其の代理たるを得、（以上親授）
大録事、四級無定員、
准大録事、五級、同、
録事、六級、無定員、
准録事、七級、同
上局の指揮を受け主管の事務を整理す、（以上稟授）
大承事、八級、無定員、
准大承事、九級、同、
承事、十級、同、
准承事、十一級、同、
録事の指揮を受け其の分担の事務を整理す、（以上例授）
会計部主監、一員、（稟授）
同　　副監、一員、（例授）
別に定むる所の職程に依り会計部一切の事務を監査す、
再建作事部主監、一員、（稟授）
同　　副監、一員、（例授）
別に定むる所の職程に依り再建作事部の一切の事務を監督す。
斯くて、三月十八日には、役員薦挙条例を定めた、今、当時の重なる役員を一瞥するに、次の如くで有る。

教学部長　　　　　　　　　　楠　潜龍
監視科長　　　　　　　　　　平野　履信
再建作事部土木掛長　　　　　三那三能宣
会計部出納掛長兼整理掛長　　和田　圓什
受授科長　　　　　　　　　　藤原　励観
文書科長　　　　　　　　　　梅原　譲

而して、六月十五日には、愈々、相続講も全国的に拡張せられ、講員の大増加と共に、こゝに、相続講事務取扱所設置の件が決定されて、開設日限が迫つて、通達さるべき迄に至つた。其の指定せられたる所を見るに、次の如くである。

直　轄、山城国近江国（北三郡を除く）及山陰道、
福　井、越前国（敦賀組を除く）を管す、
金　沢、越中国を管す、
高　田、越後国米南並信濃国を管す、
三　条、越後国米北並佐渡国を管す、
東　京、関東八州並駿河甲斐両国を管す、
名古屋、尾州三河遠江三国を管す、
桑　名、伊賀伊勢志摩三ヶ国を管す、
岐　阜、美濃飛騨両国を管す、

長　浜、近江国北三郡若狭国越前国敦賀組を管す、
大　阪、畿内（山城国を除く）播磨国南海道を管す、
鹿児島、薩摩、大隅、日向、三ヶ国並沖縄県を管す、
仙　台、磐城、岩代、陸前、陸中、四ヶ国を管す、
山　形、羽前、羽後、両国を管す、
北海道、北海道並陸奥国を管す、（以上）
然るに、寺務所の職制は、去る三月十五日、改定されたるに拘はらず、九月七日更らに本局の職制が改正せられた。即ち

寺務所本局職制

第一条、寺務所中左の役員を置く、
執事、参務、准参務、議事、録事長、録事、承事、
第二条、執事、参務、准参務は親授役員中特に親選の任とす、
第三条、執事は百般の事務を総理し派内門末に対して其責に任ず、
第四条、参務は執事を輔けて一切の事務を整理し執事に故あれば其職務を代理す、
第五条、准参務は職掌参務に准じ執事参務共に事故あれば執事の職務を代理することを得、
第六条、告達は上局に於て起草し上申允裁を経て後ち執事の名を以て之を発す、
第七条、執事は其役権若くは特別の委任に依り寺法又は規約条件を施行し或は教学等諸般の事務を整頓する為め達書を発することを得、

第八条、参務准参務は執事の代理として告達及達書に署名することを得、
第九条、執事は所内の役員を統率し稟授以上の進退は上申して允裁を経例授以下は之を専行す、
第十条、執事は允裁を経るに非れば各部科を分合廃置する事を得ず、
第十一条、執事予算定額の外臨時に増額又は別途の支出をなさしむることを得ず但し非常の事変及他の契約等により止む得ざる者は此限りに非ず、
第十二条、執事は寺法及規約条例の定る所に従ひ所内の役員を懲誡す、
第十三条、議事は親授又は稟授一級とす上局の諮詢に応じて意見を具申し及審議立案することを掌る、
第十四条、議事は便宜に依り部科の事務を兼任し又は臨時上局の指揮を受け其事務を助くことあるべし、
第十五条、録事長は議事輪次交番之を兼務する者とす上局の指揮を受け各部科の文書を査閲し意見を具して上申することを掌る、
第十六条、録事長は各科の事務を監督し例授以下の進退を具状す、
第十七条、録事は稟授二級以下とす上局の指揮をうけ各科の事務を分掌す、
第十八条、承事は例授とす録事以上の指揮に依り各其科務に従事す、
第十九条、本局の事務を分掌せしむる為め左の四科を置く、
　教学科、勧学布教に関する諸般の事務を掌る、
　文書科、各部科の回議を審査し又は文案を起草し機密の文書及記録等の事を掌り兼て報告を担当す、
　受授科、門末の諸願事申物の受授及別院に関する事項公務掠待謁見等の事を掌る、
　監視科、所内役員の勤惰を監査し末寺僧侶の褒貶黜陟及び警備衛星等の事を掌る、

第二十条、前条に指定する外臨時の事務は執事便宜に従ふて其主掌を定む、（以上）

九月十日には、会計部の職制、再建作事部職制を定め、十二日には、宗制寺法を制定して発布した。今、九月七日附任命の役員氏名を見るに、次の如くで有る。

命議事　列親授一級　楠　潜龍
同　同　二級　平野　履信
同　経塚　寿慶（再建作事部出納掛兼務）
同　列稟授一級　三那三能宣（再建作事部土木掛兼務）
同　同　和田　圓什（会計部兼務）
同　同　小早川鉄僊（兼補録事長）
同　同　藤原　励観
同　同　梅原　譲
同　同　菊池　秀言（内事部兼務）
同　同　佐々木祐寛
命録事　列稟授三級　朽木　唱覚（内事部）
同　同　白尾　義天（教学部）
同　同　海野　覚夢
同　同　桑門　志道（会計部整理掛）
同　同　太田　祐慶

同　　同　　泉　祐義
同　　同　　澤　實温（受授科）
同　　列稟授四級　小川　僧泰
同　　同　　佐野　圓徴（監査科）
同　　同　　金松　空賢（文書科）
同　　同　　平野　龍音（相続講事務取扱）
同　　同　　平野　一恵（会計部出納掛）
命会計部出納掛　列稟授三級
　　　　松井　元長
又、六月十五日設置されたる、相続講事務取扱所主任の氏名は以下の如くで有る。
金　次　　主　任　楠　潜龍
名古屋並岡崎　同　細川　千巌
富　山　　同　平野　履信
三　条　　同　三那三能宣
福　井　　同　和田　圓什
直轄並桑名　同　小早川鐵僊
山　形　　同　梅原　譲
長浜並岐阜　同　菊池　秀言

東　京　同　佐々木祐寛
久留米　同　泉　祐義
大　阪　同　梅原　覚夢
高　田　同　石川　薩盛

又更に、九月二十四日法務局を廃し式務役を置き、等級職が定められた。而して、九月二十五日、相続講事務取所章程並事務取扱規則が決定された。十月二日、式務役職制並式務取締事務章程が定められた。

明治二十年に入つて、二月十四日、寺務所役員の中に新たに、賛事（等級議事）、賛事補（等級録事）が設けられた。而して十六日、賛事に命ぜられた者は、平野履信、和田圓什、梅原譲、沼僧淳、恵美龍圓、賛事補は、桑門志道、鬼頭廓龍、高木契則、篠原良昭が命ぜられた。三月十三日総講頭、講頭、准講頭の制が設けられ、九月五日、寺法第五十一条に依つて堂班の名称が改正された。即ち、院家、内陣、余間、飛檐、外陣の制がそれである。十二月三日、京都飛檐地にして、従来、堂衆勤務の寺蹟ある者を堂衆地と定め、其の条条が達せられた。

斯くして明治二十年は終つたので有るが、此歳末に於ても、本山の財政は困難があつて、六月には、三井銀行に整理の成績を報じ、前半を結了したのであるが、此時も、浅野長遵、小松凌空、東義範（十九年三月十五日除名処分をうく）等は、東上中の渥美契縁の旅寓を屢々来訪し、或は途上にこれを要して、脅迫する所あらんとしたが、十二月また、会計部主任小早川鉄僊を率ひて東上し、大いに三井の援助を懇請したのである、これに依つて遂に、参拾余万円を借ることを得、相続講金は悉とく公債に換へ、これを三井に預けて担保に備へ、かくして、平沼専蔵より借入れたる高利の負債を、償却する事を得たのであった。

翌くれば明治二十一年である。此歳二月十三日、本山達令式の制定があつた。即ち、

本山達令式

第一条、告達は管長の命令を以て発布し執事之れに署名す其の各部主掌の事務に関するものは主務部長之に連署す。

第二条、局達は告達の範囲内に於て其の事務を執行する為め執事の発布する所にして執事之に署名し其の各部主掌の事務に管するものは主務部長之に連署す。

第三条、部達は告達局達の範囲内に於て其の事務を執行する為め各部長の発布する所にして部長之に連署す。

第四条、告達局達部達を分ちて各二種とし第一種一般に達する者第二種一部分に達し公示を要せざるもの之を別号とす。

第五条、一般及所属役員に達する諭達諭示告示も又第二条第三条の例に依る其の各科より発するものは科の名を以てす。

第六条、通達は本局及部科より一時限り発するものにして本局は寺務所の名を以てし各部は各部の名を以てす。

第七条、達令は総て「報告」を以てし至急を要するものは別達を以てす。但し報告に登載すべき達令は第一種に限る其の第二種は公示を必要とするものに限り登載す諭達諭示告示は第二種の例に依る。

第八条、達令施行の期限は「報告」発布の後十日を以て期とし即日又は特に期日を定むる者は別に之を掲示す。

（以上）

これに依つて本山達令式に一の統整ある形態を得たのである。

（『真宗』第三八三号、昭和八年九月発行）

明治維新以後に於ける大谷派宗政の変遷（十二）

第七代寺務所長、阿部慧行時代（つゞき）

前述の如くして、本山達令式に、一つの統整ある形態を得たのである。それは明治二十一年二月十三日であるが、此の時また、本山は、本局教学課を廃し、改めて教学部の制を設けた。即ち、課より部に拡張し、以て、布教勧学の二方面を統括し、大いに其の振興を計らんとしたのである。今其の職制を見るに、次の如くである。

教学部職制

第一条　教学部は布教及び勧学に関する事務を管掌す

第二条　教学部中に左の役員を置く

部　長　親　授

録　事　稟　授

監　事　稟　授

承　事　例　授

第三条　部長は執事参務准参務中より之を兼ぬ

第四条　部長は本部一切の事務を管理し其の上申して允裁を乞ふべきもの若くは上局に申告して決可を経べきものは之を本局に進達し其の権内に属する者は之を専行す

第五条　議事本部の事務を兼ぬるときは録事の首班に列す其の職掌録事に同じ
第六条　監事は部長の命を承け時々各教区を巡視し布教の興廃学事の盛衰僧侶の品行教校学場諸学校学会等の景況及地方輿論の方針等を偵察し之を部長に申報することを掌り併て本部の内議に参与す
第七条　録事承事の等級職分は都て本局の職制による
第八条　本部の専務を分掌せしむる為め布教勧学二掛を設く
第九条　布教掛に於ては左の事務を掌る
一、教区の分合及教務所説教場の設廃変更に関する事項
二、教師の進退勧令の任免並に其の学業品行効績等に関する事項及布教上有効者並に聞法篤志者の表旌
三、説教法語法談示談及仏教講談に関する事項
四、教会結社及相続講亦成講社に関する事項
五、外国布教及別院説教場等に関する事項
六、前項に掲げざる布教上の統計及庶務
第十条　勧学掛に於ては左の事務を執る
一、大学寮教校場諸学校の学科程度規則の変更及存廃等に関する事項
二、学職の進退学階の与奪並に学事特進者及有効者の表旌
三、教師及住職得度等に関する学術試験
四、宗意安心調理に関する事項
五、著訳編述印刷校正に関する事項

六、前項に掲げざる学務上の統計及庶務

扨て当時の教学部部長は渥美契縁であり（二月十七日、三月六日任）。

扨て当時の教学部部長は渥美契縁であり（二月十二日任）、教学部監事は白尾義夫、海野覚夢である（二月十七日、三月六日任）。

以上の如く、学事に宗政に財政に不朽の功績を遺しつゝ、五月六日在役のまゝ阿部慧行執事は逝去されたのである。享年六十九。文政三年信濃水内郡桐原村に誕生して以来、天保、弘化、嘉永、明治と亘る執事の伝は、或は義賢の名に於て、或は慧行の名に於て、貴重史料として重要な位置を占むる。其の詳細は別伝に譲り、其の叙述は他日の機会を待つこと、する。

第八代寺務所長、渥美契縁時代

大師堂の上棟式も目睫に迫り乍ら、これに遇ふ事無く、二月罹病、五月には卒爾として逝ける阿部慧行執事の後を承けて、第八代の執事に任ぜるは、渥美契縁である。乍然、正しく執事就任の月日は十二月二十七日であつて、これより第二次渥美契縁時代に入るのである。而して、其の辞任は明治二十九年十二月二十九日で有る。此の期間、両堂の上棟式があり、厳如上人の御譲職があり、軍隊布教の創始があり、大負債整理の発表があり、所謂、本山改革党、白河党の事件があり、国家的には、日本の運命を賭した彼の日清戦争が起り、宗門の内外を繞つて幾多の事件が勃発し、波瀾重畳を極むるのであつた。

扨て、前代執事逝去の後を承けて、渥美契縁は此月五月、教学、会計、内事の三部長を兼任し、六月十二日、地方視察の職制章程を制定し七月二日より実施の旨を告達した。即ち、其の職制章程は次の如くで有る。

視察職制章程

第一章　職　　制

第一条　視察は監視科に直隷し末寺門徒の秩序を整理し寺門の安寧を保持し宗制寺法の執行を監視せしむる為め之を置く

第二条　視察を分ちて左の三類とす

視察長　准稟授　任期四年

視　察　准例授　同

副視察　准例授　同

第三条　視察長は一国内に一員を置く

第四条　視察長は視察にして過失なく一任期以上を奉職したるものより特選を以て之を命ず

第五条　視察は各組に一員を置く

第六条　副視察は一組内にして末寺数二十ヶ寺以上の組に限つて視察の外更らに之を置くことを得

第七条　視察長は視察会議の議長となり兼第二条部内各視察を監督するを任とす

第八条　視察は本山の耳目となり正実に末寺門徒の行為を偵察し其実を得て之を申告することを任とす

第九条　申告を分て左の三種とす

具状　賞罰進達に関す

察状　善悪の行為に関する件

上申　前両項の外諸般の申告

第十条　具状は組長連署の上其他は直に本山へ差出すべし

第十一条　申告の標準を示す左の如し
一、寺門の隆替に関する事項
一、外教並他宗派の送勧により門末に蒙る所の利害
一、勧学布教に関する利害得失
一、宗政寺法の遵背に関する事項
一、部内門末の品行動作の臧否
一、僧侶にして国法に触れし者の罪跡刑名及び其事実手続
一、寺壇の紛議に関する事項
第十二条　部内門末の賞罰に関する令状訓示等は組長と立会の上之を伝達すべし
第十三条　視察は職権を以て部内懲罰者の執行を監視すべし
第十四条　重大事件並に一国の利害に関する事項は国内視察総員二分の一以上の同意を以て年一回限り視察会議を開き其の決議の要領は
何国視察会議の名義を以て上申することを得
第十五条　此の職制章程を施行するに必要なる細則は別に局達を以て之を定むるものとす

斯くて九月八日には附属寺取扱条規を定め、又、十二月二十四日、再建作事部出納掛を以来会計部中に併摂し、二十五日、作事部内に記録掛を置いた。又二十八日には、議事、賛事、録事、賛事補の等級を改正した。此の前日、二十七日、渥美契縁は執事に、小林什尊は参務に就任したのである。かくて明治二十一年は終つて、二十二年に入つたので有る。

明治二十二年四月十六日、従来御影堂の称を廃して大師堂と呼称する事になり、五月三十一日、寺務内に、審議局なるものが設置された。これは、執事、参務の諮詢機関であつて、制度条例に関する法案の審議を司るものである。又、相続講に関しては施行掛を改めて、相続講事務局となした。而して六月一日、相続講事務局の議事に、和田圓什、梅原譲が命ぜられ、審議局の審議員には左の人々が命ぜられた。

兼命審議員　細川千巌
同　楠　潜龍
同　足立　法鼓
同　小林康江
同　佐々木祐寛
同　補　海野覚夢
同　同　桑門志道

十月七日、厳如上人御譲職あつて、現如上人第二十二世の法灯を継がせられたのであるが、これに先だつて、七月十六日、かたの如く掛役の任命が有つた。即ち

命譲職用掛長　渥美契縁
枳殻邸内事部長　同
譲職用掛副長　小林什尊
同　小早川鉄僊
同　菊池秀言

用掛　　朽木唱覚
同　　石原源左衛門
同　　澤　實温
同　　金松空賢
枳殻邸内事部兼務　菊池秀言
同　兼内事本部　朽木唱覚
同　内事部　御瀧徳嶺

（以上）

明治二十三年に入つて、二月十三日、北海道函館に、寺務出張所を設置し、函館寺務出張所と称したが、四月二十二日、北海道寺務出張所を改称された。而して、其の総監は、渥美契縁に、所長に和田圓什、輔賛に小早川鉄僊を命じ、北海道相続講事務出張所副主任に、桑門志道が任ぜられたのは二月二十三日である。又、両堂再建の進捗につれて、再建作事部近江出張所が設けられ、所長に、三那三能宣、副所長に、奥村圓心が命ぜられた。五月十日、本堂の立柱式が行はれ、年内、格別の変化も無く、二十四年に入つたのである。

所が明治二十四年一月二十二日、是に、寺務本局の職制上に、全般的改更を断行し、初めて、新陣容を以て、渥美契縁執事として抱負と経綸を実現せんことを期したのである。改更されたる職制は左の如くである。

寺務所本局職制

第一条　本局は各部局を総管し且各部局に属せざる事務を取扱ふ所とす
第二条　本局に次の役員を置く

執事　参務　准参務　議事　録事　承事

此他、時宜により賛事賛事補に勤務を命じ講者学師勤令使用掛等に出仕若くは出勤を命じ出雇員を使用することあるべし

第三条　執事は宗制寺法第一篇第五章により法令を執行し一派の事務を総理するの責に任ず

第四条　執事は告達及職権の範囲内に於て局達又は訓示命令を発することを得

第五条　執事は法例の制定廃止及改正を要するときは上申裁可を請ふことを得

第六条　執事は役員を統卒し稟授以上の功過進退は上申裁可を請ひ例授以下の進退褒貶は之を専行す

第七条　執事は予算決定後臨時に増額又は別途支出を為さしむることを得ず但臨時の事変及他の成規により止むを得ざるものは此限りに非ず

第八条　参務は執事を輔けて寺務を整理し執事に事故ある時は其職務を代理す

第九条　准参務は職掌参務に亜ぎ執事事故ある時は執事の職務を代理す

第十条　議事は上局の諮詢に応じ意見を具し及び審査立案を司る

第十一条　議事は便宜に従ひ各部局科の事務を主理せしむること有るべし

第十二条　議事は例授以下の功過進退を具状す

但議事欠員の部局科は首坐録事之に代ることを得

第十三条　録事は上局の命を承け各科の事務を分掌す

第十四条　承事は録事以上の指揮により其科務に従事す

第十五条　本局の事務を分掌せしめむる為め左の三科及報告掛奥記室を置く

庶務科　文書科　監視科

第十六条　庶務科の分掌左の如し
一、別院及末寺門徒の管理に関する事項
一、得度及住職に関する事項
一、堂班寺績及恩免に関する事項
一、寺籍及僧籍に関する事項
一、申物及申経に関する事項
一、謁見及接待に関する事項
一、諸文書の受附に関する事項
一、官庁及他宗派の交渉の事務
一、前項の外他部局科の主管に属せざる寺務

第十七条　文書科の分掌左の如し
一、各部局科文案の査閲に関する事項
一、達令の草案及発送に関する事項
一、辞令及機密文書に関する事項
一、記録及統計に関する事項
一、文書の起草査閲浄写及保存に関する事項

第十八条　監視科の分掌左の如し

一、法例の実施其他取締に関する事項
一、褒貶黜陟に関する事項
一、役員の勤惰及功過に関する事項
一、秩序風紀の保持に関する事項
一、整備及衛生に関する事項
第十九条　報告掛は文書科に属し本山報告の編輯印刷及配布に関する事務を分掌す
第二十条　奥記室は庶務科及文書科に属し記録に関する事務を分掌す
尚更らに、式務役を廃して式務局を置き（二月五日）、職制並事務章程の制定が発表されたので有る。

（『真宗』第三八四号、昭和八年十月発行）

明治維新以後に於ける大谷派宗政の変遷（十三）

第八代寺務所長、渥美契縁時代（つゞき）

明治二十一年十二月二十七日、第八代寺務所長として渥美契縁が、第二次内局を組織して以来、満二ヶ年を経過した二十四年一月二十四日、寺務所職制の全般に亘つて、一大刷新を断行した事は、前回記述の如くである。
其後、二月五日には、従来の式務役を廃して式務局と改め（局長、小林什尊二月三日就任）以て、乗如上人百年忌（二月二十日―二十二日迄執行）、顕如上人三百年忌（四月二十一日―二十四日迄執行勅使参向）又は、綽如上人五百年忌（二十五年四月二十四日執行）並に、本堂上棟式等、打続く大法要と、追々迫る両堂の落成慶賀法要に備へたのである。又、八月十五日には、審議局の職制を改正した。（二十二年五月二十一日創設の機関）即ち、それに依るに、

審議局職制章程

第一条　審議局は上局の諮詢に応じ議事全体の意見を具申し及第三条記載の条項を審議調査する所とす

第二条　審議局に役員を置く

議事（親授）無定員　録事（稟授）一名　承事（例授）一名

第三条　審議局に於ける執務の項目左の如し

一、制度条例の起案及其変更に係る草案の審査

二、褒貶黜陟に係る事実の審査

三、新事業の性質利害の審査

四、定額予算制度の審査　但内事部を除く

五、定額以内と雖も千円以上に亘る支出の審査

六、毎月末出納表の審査

七、例授以上進退具状の審査及添申

八、准稟授以下進退具状の審査及添申

以上の如くして、此の二十四年は終つたのである。乍然、宗政以外から宗門を見るとき、此年の五月十日には、露国皇太子の御来山があり、七月十五日には、陛下より現如上人へ、菊花御紋章入の御袈裟が下賜された。又、十

月二十四日には、皇太后陛下の行啓を迎へ奉つたのである。

扨て明治二十五年に入つたのであるが、此年一月一日、当局は、突如、本山の負債総額貳百八万余円を発表したのである。先きに屢々繰返して記述せる如く、明治十八年以降に於ける、本山の財政は窮迫のドン底にあつた。阿部慧行執事の就任によつて、従来の放漫政策より転じて、組織ある財政機構を得、就中、相続講の拡張発展と共に、幾分の光明を齎し得たのであるが、何にしても厖大なる土木工事を遂行しつゝある事とて、収支償ふべくも無く、遂に斯くの如き赤字を出すに至つたのであらう。然れば此の翌年明治二十六年一月十六日、負債整理を発布し、こゝに、臨時整理局を設けたのである。

臨時整理局職制

第一条　臨時整理局は従来会計部整理掛及相続講事務局に於て取扱たる理財施行等の事務を其章程に準じて之れを取扱ひ以て財務を整理する所とす

第二条　臨時整理局に左の役員を置く

局　長　親　授　　議　事　親　授

録　事　稟　授　　理　事　稟　授

簿記監　稟　授　　承　事　例　授

属　員　例授又級外

第三条　局長は執事参務の中より之を兼ね議事は他の部局より兼勤せしめ簿記監は会計監査員の中より之を兼るものとす

第四条　局長は局内一切の事務を管理し其上申して允可を請ふべきもの若くは上局に申告して決裁を経べきものは

之を上局に進達し其の権内に属するものは之を専行す
第五条　議長は局長を輔け局内の事務を整理し例授以下の功過進退を具申す
第六条　録事は局内各掛の事務を分掌し議事欠員の時は之に代る事を得
第七条　簿記監は簿記統計の事務を掌る
第八条　承事は録事已上の指揮を受け其の分掌事務に従ふ
第九条　属員は会計簿記統計等の事務を分担す
第十条　局内の事務を分掌せしむる為め左の二掛を置く
　奨励掛　募集奨励に関する事務票章賞典授与及他局内の事務を掌る
　理財掛　負債償還利子仕払貸金取立負債融通に係る金銭貸借の理財事務相続金整理寄附金等の簿記統計等を掌る
而して、次の如く、夫々の任命があつた。
兼臨時整理局長　渥美契縁
兼臨時整理局理財掛　海野覚夢
臨時整理局奨励掛（以上、一月十九日）　太田祐慶
兼簿記監　大平文久三
臨時整理局加談　山田宗右衛門
同　山田定兵衛
同　木田乃右衛門
同　俣野與三郎

同　岩田宗三郎
同　橋本又兵衛
同　大塚三郎兵衛
同　神野金之助
同　祖父江友右衛門
同　三井與吉
同　小塚九兵衛
同　横井藤左衛門
同　河路重内
同　塚本泰次郎
同　熊野田太郎
同　加藤久吉
同　津田嘉一郎
同　天野嘉平
同　中田清兵衛
同　大谷彦次郎
同　原吉長
同　高崎新兵衛

同　加藤　新右衛門
同　中　根　與　七
同　小　田　忠　兵　衛
同（以上、五月四日）　濱　田　甚　兵　衛
同　鳥　越　貞　敏
同（以上、六月二十二日）　橋　詰　又　三　郎
同（十二月二十一日）　木　木　政　胤

吾人は宗政の変遷を叙せんと欲して、こゝに三度、財政史上の事に触れねばならぬ。読者は既に前条見らる、如く、臨時整理局なる機関の設置が、従来、未だ宗政史上に見ざる所のものであること肯首されるであらう。又、其の機関の組織と云ひ、人事の任命と云ひ、そこに異常なる緊張味を看取されるであらう。而かも本山は、過去に於て、財政上安穏なる日は無く、屢々、窮乏のドン底に陥入つたのであつたが、今日の如く、自から負債総額を発表して、此の整理を標榜して、臨時整理局なるものを設置した事は無かつた。宗門が他を憑まず、所謂、自力更生の途に出でんとした所以のものは、必ずしも他に原因が無いのでは無かつた。

当時、三井銀行は、異常なる時代の展開に伴つて、銀行内部の大改革を断行し、従来の総裁西邑虎四郎は隠退して閑散に就き、こゝに新たに、中上川彦次郎を総裁となし、預金貸附の方針を一変した事である。是に於て、従来本山との間に保持された所の関係も、更新せられ、今や、本山負債の返却を促す事が、愈々急となり、毫も仮借無き有様となつた。此時、三井への債額は九拾余万円とせられた。

中上川は井上内務大臣の信任する所なるが故に、契縁は大臣に就て、其の督促を緩和せんことを請ひ、二十五年

九月東上して所懐を陳ぶるも容れられず、遂に、二十五年十二月、本山所有の土地（京都の分）を登記して、抵当となすに至ったのである。而して、此の冬、十一月報恩講厳修に際して、是等の事情を以て、諸国の講中に諮るに名古屋の准講頭祖父江重兵衛、近藤友右衛門、大いに奮起して、一ヶ年を以て、負債償却の法を契縁に勧め、契縁また決する所有つて、議事以下に謀り、以て、両御法主（厳如、現如、両宗主）の英断を乞ふ所に、法主又これを許容したまふ。これに依つて、二十六年一月二十日、諸国の学師勧令使用掛及世話方を召集し、御親諭を以て発示せられ、渥美契縁之を布演したのである。これが一月二十一日の事である。此時の御親諭、法主殿流涕袖を霑し悲歎胸に溢れ、聴者感泣せざる者無かりしと云ふ。松方伯亦来りて、垂簾の中に之を傾聴せりと。

斯くして、こゝに、整理局員加談等の任命が有つたのである。而して此の御直書は、大阪、三河、尾張、伊勢、越前、加賀、能登、越中に御披露せられ、四月東京に於て披露せられたのである。

此時、小松凌空、笠琢成等、府下の僧侶七名、此の整理に反対し讒誣蜚語を逞し、能登に於ては、江尻静継、竹津義学等また反対し、大いに妨害を加へ、京都の某僧侶等は『花園の蛇』と題する雑誌を刊行して、妨害せりと云ふ。

乍然、異常の緊張と、諸国門末の奮起に依つて、此年（二十六年）一ヶ年に、本山の収入百余万円に及び、十一月十二月二ヶ月に於てすら、七十余万円の懇志を得たと云はれて居る。是等に関して、更らに詳細なる三井側との経緯、本山上下の意気込等、記述を省略せねばならぬが、辛苦惨憺、容易ならざるものが存する。

斯くして、二十六年十二月三十日、三井銀行負債の分は、悉皆これを償還し終つて、横浜正金銀行の五万円が崩済しとして残つたと云はる。又、此時の整理方法として、整理寄附貸附、半額整理と云ふ方法が用ひられたと云はる。（朽木廣覚元会計部長談）。斯くの如き次第を以て宗門の安堵のみならず、厳如上人の御満悦は一方では無かつた。上人の詠歌に「喜びの身にあまるなり春ならで春のこゝろの年の暮かな」（菊池秀言師談）とあるを見ても推知し得らるゝ。

扨て、明治二十七年、此歳は本山の負債が償却され、其の一月元日は、文字通り、春光朗かに、一山の上下にとつて喜ばしい元日であつた。本殿の拝賀が終つて、枳殻邸に参賀した役員は、老台下厳如上人の「当年は殊に目出度い」との御言葉を賜はつて、御満足の御喜色を拝したのであつたが、一月十一日には、午後一時三十分、頃日来、感冒気味で在せられた厳如上人が、卒然、中風症を発せられ、宗団の上下を挙げて、深き憂愁の裡に鎖されて仕舞つたのであつた。福井、山本、半井等漢洋の名医を招き、更らに、菊池秀言を遣して、東京に侍医池田謙斎を招聘したのであるが、十五日午後一時、遂に厳如上人は、多難なる御一生に、数々の光輝ある業績を遺されて、御往生遊されたのであつた。御年七十九、負債の償却は完了したのであるが、両堂の工事は未完成であつた事は、当時、宗門の恨事であつた。二十九日、上人の御葬送の儀が行はれ、五月、忌明、七月、現如上人の北海道御巡化が有つた。

此七月、朝鮮に東学党の乱が起り、清国出兵し、日本また、天津条約に依つて出兵し、第五師団の兵を以て混成旅団を編成し、大島少将之を率ひて朝鮮に航し、海軍又韓海に向ひ、日清両国の間、風雲漸く急なるものがあつた。而して、八月一日、日清戦争の宣戦の詔勅が下つたのである。此間、宗門また、よく善処して奉公の赤誠を尽し、軍事公債の募集あるや、第一回に拾万円、第二回に貳拾万円を申込み、応募額拾七万円と称せられた。

乍然、両堂再建事業は暫時の休止も無く進行せられ、火防引水工事の如きも、二十七年、七月起工せられたのである。又、八月には、戦時対策として、臨時奨義局を設置したのであつた。斯かる中にも、十一月二十日には、鐘楼堂の落成を見て、二十八年へと入つたのである。

かくして、二十八年二月十五日には、火防引水工事を落成し、四月には、両堂再建落成、十五日御遷仏式、十六日供養会、十九日御遷坐式、二十日供養会（勅使参向、供錦二巻）を厳修したのである。而して、日清戦争も十七日講和条約の調印があつて、平和克復の詔勅が発せられた。五月八日より十五日迄、厳如上人の御一周忌法要が執行せられ、十七日、再建作事部の廃止、臨時奨義局の廃止と共に、一部寺務職制の改正が行はれた。

（『真宗』第三八五号、昭和八年十一月発行）

明治維新以後に於ける大谷派宗政の変遷（十四）

第八代寺務所長、渥美契縁時代（つゞき）

明治二十八年五月十七日、寺務所職制の一部が、左の通り改正されたのである。

教学部に左の二科を置く

学務科　　教務科

会計部に左の三科を置く

出納科　　監査科　　作事科

会計部に取締及び加談を置く

取締（稟授）　　加談（稟授）

取締及び加談は商量員中より若干名を選任するものとす

又、同日附を以て、会計検査局を廃して科に於て事務を監掌することゝし、再建懇志場を廃して、地場志納場に於て旧の如く取扱ふ事とした。

今、当時の主なる寺務所役員を一瞥するに次の如くである。

上品出仕　足立　法鼓
事務顧問　佐々木祐寛
庶務科長　三那三能宣
教学部教務科長　和田　圓什
教学部学務科長　梅原　譲
教学部教務科　平野　龍音
教学部学務科　海野　覚夢
同　荒木　源理
庶務科兼会計部作事科　桑門　志道
会計部出納係長　佐藤　聞龍
会計部作事係長　柏樹　誓海
北海道寺務出張所長　小早川鉄僊
東京相続講事務出張所長　菊池　秀言
台湾島兼澎湖列島布教主任　大田　祐慶
文書科宗制寺法取調専務　井上　豊忠

会計部取締　山田定兵衛
同　木田萬右衛門
同　太田徳右衛門
同　岩田惣三郎
同　祖父江重兵衛
同　近藤友右衛門
同　熊田源太郎
同　津田嘉一郎
（以上五月十七日命）
同　山田定右衛門
同　俣野與三郎
（以上六月十日命）
会計部加談　膳　平兵衛
同　赤尾　藤助
同　下村忠兵衛
同　橋本又兵衛
同　濱田甚兵衛
同　木下　政胤

同　神野金之助
同　尾関平兵衛
同　土川彌七郎
同　長崎忠右衛門
同　二井　與吉
同　横井東左衛門
同　中田清兵衛
同　原　吉長
同　大塚三郎平
同　小塚久兵衛
同　天野　嘉平
同　河路　重内
同　塚本泰次郎
同　高崎新兵衛
同　加藤新右衛門
同　中根　與七
同　小田忠兵衛
同　井上　清治

同　　　　　　鳥越　貞敏
同　　　　　　橋詰又三郎
同　　　　　　横田政之慎
同　　　　　　水野伊兵衛
同　　　　　　奥田　孫六
同　　　　　　内海茂次郎
同　　　　　　横田庄次郎
同　　　　　　吉鳥休兵衛
同　　　　　　中川源次郎
同　　　　　　尾花　哲平

以上の如く、取締十名加談三十四名を命じて、財務組織の釐革を計ると共に、松方伯と謀つて、大蔵省会計局長従五位山本豊躬を聘して、会計の理事となし、経済の機務を攬らしめたのであつた。

斯くの如く、長く宗門の癌であつた大負債も目出度償却せられ、大土木工事として内外瞠目の的であつた両堂再建も落成して、是に財政の上に再び、前轍を繰返さゞる様、緊褌一番せる所のものが、取締、加談の職制であらう。

乍然、こゝに会々、七月九日、南條、村上、徳永等、大中学寮の教職員十二名の建言書が上呈せられた。それは、負債償却、再建完成の目今、急務なるものは、教学の振興であつて、それには、専務の部長を置かねば其の振興を期することは難しい。又、一の会議を開いて、立法行政の区域を分たねば、或は有司の専擅を免れ難いと云ふのである。

然るに後者の建言に就ては、明治二十二年十月七日、厳如上人に依つて制定せられ、光瑩、光演、勝縁、勝尊、勝信、勝道、勝珍、勝相、御一門の連印に続いて、当時の当局、渥美契縁、小林什尊、菊池秀言の調印、並に三条実美、近衛忠凞、松方正義、承諾の印ある所の「大谷派家憲」なるものがあり、又、厳如上人の御遺旨として、議会の性質は宗門の大体に適せぬ。依つて永世之を開くべからずとの思召があつた由にて、其の実現には相当の困難が存した。然し、当時の事情が斟酌せられて、九月二十日、寺務所職制章程が改定せられ、議制局が開設されるに至つた。

此時、改定せられたる寺務職制は、本局、式務局、内事局、議制局を以て構成せられ、本局の中に、上局、教務部、学務部、庶務部、地方部、財務部を分ち、監正科、文書科は上局に属せしめ、また、役員に、執事、参務、准参務、顧問、議事、賛事、賛衆、録事、賛事補、承事、の等級を置いたものである。

而して、議制局は、毎年五月十一日より開催せられ、賛衆二十名の中、十名を寺務役員中より、他十名を学師勧令使中より選出せしめたのである。当時の議長は篠塚不着であつた。

今、職制章程の記述を省略して当時の役員の顔振を見るに次の如くである。

参務　足立　法鼓
顧問　細川　千巌
同　楠　潜龍
（以上参務待遇）
同　南條　文雄
同　佐々木祐寛

（以上准参務待遇）

兼財務部長　渥美　契縁
兼地方部長　足立　法鼓
兼庶務部長　三那三能宣
兼教務部長　和田　圓什
兼学部部長　梅原　譲
財務部理事　山本　豊躬
監査兼地方部　海野　覚夢
地方部兼作事科　桑門　志道
学務部　太田　祐慶
教務部兼地方部　平野　龍音
庶務部　澤　實温
会計科　佐藤　聞龍
文書科兼監正科　石川　馨
学務部　荒木　源理
兼監正部　赤松　梁正
作事科　柏樹　誓海
文書科　井上　豊忠（以上）

扨て以上の如く、南條、村上、清澤等十二名の連署せる建言書に依つて、宗政上の職制が改定せられたるのみならず、こゝに議制局が開始せられたのであるが、実質は兎も角として、形態を国会に擬した点に於て、宗政史上の異彩とせねばならぬ。依つて繁を厭はず其の条規を掲げる事とする。

議制局条規（十二月二十八日達示）

第一条　当局の通常会期は毎年五月十一日より二十日以内とし其の開閉式には法主之に臨む
第二条　議長は当局の秩序を保持し議事を整理し局外に対しては当局を代表し閉局の間に於て其事務を指揮す
第三条　議長事故により一会期間欠席する時は法主の特命を以て賛衆中より代理議長を命じ臨時欠席する時は議長の委托を以て賛衆中より仮議長を立て、其の職務を行はしむべし
第四条　議長の任期は賛衆の任期により任期中欠位を生じたる時は之を継くもの、任期は前任者の任期による但任期満限に達するも後任者の任命せらる、迄其職務を継続すべし
第五条　常置賛衆は議長の指揮を受け閉局の間に於て条例に関する調査をなす
第六条　録事は議長の指揮を受けて局務を掌理し及常置賛衆の職務を補助す
第七条　書記は録事以上の指揮をうけて庶務に従事す
第八条　常置賛衆及録事は各部局の事務に従事す
第九条　常置賛衆の任期は毎閉局の日より次の開局の日に至る迄とし録事の任期は第四条の例に依る
第十条　賛衆は開局の期日に集会し均く議事に従ふ
第十一条　賛衆の休暇は三日より超へざるものは議長の特権を以て之を許可し三日を超するものは当局の議を経て之を許可す

第十二条　賛衆は正当の理由を以て議長に届け出でずして、会議又は委員会に欠席することを得ず
第十三条　賛衆は其の任期間正当の理由によらずして免職せらるゝことなく又猥り辞職することを得ず
第十四条　各局部より其の職務上兼任する賛衆は其本務を免ぜられたる時其他の賛衆は新に本山寺務所に出勤を命ぜられたる時は其の職務を消滅するものとす
第十五条　何等の理由に拘はらず賛衆に欠員を生じたる時は次の会期迄に補任すべし但各局部より職務上兼任する賛衆の外は其の後任者は第四条の例による
第十六条　議長は議事日程を定め当局各局部に報告す
第十七条　議長賛衆及其他役員の俸給旅費は別に之を定む
第十八条　当局は賛衆三分の二以上出席するに非れば議事を開き議決を為すを得ず
第十九条　当局の議事は過半数を以て決す可否同数なれば議長の決する所による但各局部より職務上兼任する賛衆は各其の責任の寺務上条例の監督に関する議題に対し意見を述ぶることを得るも表決の数に預ることを得ず
第二十条　賛衆は特に調査又は草稿を為すの必要を認むる時は其の都度委員を互選す
第二十一条　賛衆にして議案を提出し又は当局の会議に於て案に対し修正の動機を発するものは三人以上の賛成あるに非ざれば議題となすを得ず
第二十二条　各局部及賛衆は何時たりとも其提出せる議案を修正し又は撤回することを得
第二十三条　各局部及賛衆は一度否決したる議案を同会期中に再び提出することを得ず
第二十四条　閉局の場合に於て議案の議決に至らざるものは後会に継続せざるものとす
第二十五条　各局部及賛衆は特に法主より下問せらるゝもの、外は直接又は間接に宗制寺法を変更する動機を発す

ることを得ず
第二十六条　賛衆は各局部に対し議題に必要なる質問を為すを得
第二十七条　各局部より職務上兼任する賛衆は前条の質問に対し答弁すべし若し答弁を為さざる時は其理由を明示すべし
第二十八条　各局部は其職務上兼任する賛衆の外に毎年各其の所属役員より委員を撰定して予め之を当局に通牒し置き其の提出議案を説明し又は前々条の質問に答弁せしむることを得
第二十九条　各局部より職務上兼任する賛衆及前条の委員は何時たりとも議場に発言し又委員会に出席して意見を述ぶることを得但本条の賛衆は委員会に於て委員は議場並委員会に於て共に表決の数に預るものとす
第三十条　当局は各局部に建議することを得其建議は文書を以てすべし
第三十一条　当局は調査の為めに各局部に向て必要なる報告又は文書を求むることを得各局部は秘密に渉るもの、外其の求めに応ずべし
第三十二条　当局は門末に向つて達令を発し又は門末を召喚し及賛衆其の他の役員を派出することを得ず
第三十三条　議長は会議中賛衆の言動を違法と認むるときは之を警戒し又は制し又は発言を取消さしむ命に従はざるときは当日発言を禁止し又は場外に退去せしむることを得
第三十四条　本条規は議制局の議を経るに非れば改廃することを得ず　（以上）

以上の如く、財政組織の上には取締加談を置き、宗政の審議には議制局を設けて、追々に更生せる宗門の基礎を固めつゝ、二十九年度に入つたのである。

明治二十九年一月二十日、こゝに更らに、教学進展の必要上より、全国の学師勧令使等を召集して、教学資金募

集の御消息を繙き、両法主の御親言を仰ひだのである。

此の教学資金募集の方法は、一口を六円となし、これを十ヶ年賦となして一ヶ年六拾銭、一ヶ月五銭の割当とし、六十万口を満たして、年々の教学費を此中より支出し、残額を利倍増殖せしめて十ヶ年、貳百五拾万円以上の積立となし、以て教学の基本財産となさんとするに在つたのである。而して、二十一日、臨時教学資金事務局が設置された。

是れより先き、清澤満之、稲葉昌丸、今川覚神、月見覚了等、録事井上豊忠と諮り、寺務の役員を一洗し、従来の弊習を打破せんことを企図し、清澤満之を議事に、稲葉昌丸を録事に採用せんことを、和田圓什を以て、屢々交渉したのであるが、渥美契縁は肯ぜず、其の意見の衝突、漸く甚しきものがあり、時偶々、教学資金募集のことに関連して、こゝに、一大波瀾を捲起すに至つたのであつた。


（『真宗』第三八六号、昭和八年十二月発行）

明治維新以後に於ける大谷派宗政の変遷（十五）

第八代寺務所長、渥美契縁時代（つゞき）

前述の如くして、渥美執政の内局も二十九年の当初、奨学資金事務局設置の頃より、一沫の暗雲が低迷し、其の秕政が論議せられ、派内の風雲穏やかならぬものとなつた。

斯かる中にも五月には、議制局会議が開かれたのではあるが、六月に至つて遂に、清澤満之を首班として、稲葉昌丸、今川覚神、井上豊忠、月見覚了、清川圓誠等、東京に於ては、南條文雄、井上圓了、村上専精等、一派の巨頭相呼応して、本山寺務の改革を標榜し、こゝに、全国門末の大運動たらしむべく、一大烽火を挙げたのである。是等、改革派を（洛東白河村に卜居せるを以て）白河党と称した。此の白河党の運動には、大学の所化等も参加して、連合して宣言書を刊行し、十月、改革派は、機関誌として『教界時言』を刊行し（十月三十日刊）以て、大いに世論を喚起し、一派の輿論を誘導するに勉めたのである。白河党が大谷派の現状を指摘して当局の責任を問へるもの、（一）教学の不振、（二）財務の紊乱、（三）内事の不粛であつて、就中、財務の紊乱とは、参拾余万円の新負債を、教学資金募集の後ちに於て、処分せんとするを指摘せる如くである。

今、吾人は此の白河党事件を縷々叙述せんとするのでは無い。唯だ、斯かる事件が、負債償却、両堂落成の後ちを承けて勃発せることに注意したいのである。

兎に角此の改革運動によつて十二月二十九日、遂に、渥美内局は崩壊したのである。斯くて、此後を承けて執事となり、第九代寺務所長に就任せられたのは、大谷勝珍連枝であつた。

第九代寺務所長、大谷勝珍連枝

上述の如く、宗政史上、異常なる宗門紛乱の当面に立つて、時局打開の重任を荷はれたのは、大谷勝珍第九代寺務所長であつて（明治二十九年十二月二十九日執事就任）、当時の主なる役員は次の如くであつた。

執事	大谷勝珍
法務局管務	小林什尊
顧問	細川千巌

同　足立法鼓
同　南條文雄
同　佐々木祐寛
同　梅原　譲
同　菊池秀言
資金部長（参務）　篠塚不着
教学部長（准参務）　松本白華
内事部長（顧問）　佐々木祐寛
監正部長　三那三能宣
庶務部長　和田圓什
学務部長　谷　了然
財務部長（臨時）　足立法鼓
（以上二十九年十二月二十九日）
庶務部　海野覚夢
同　柏樹誓海
同　澤　實温
文書科　桑門志道
同　江村秀山

同　　内記龍舟
教務部　太田祐慶
学務部　荒木原理
同　　阿部恵水
資金部　平野龍音
法務部　泉　祐義
監正部　石川　馨

（以上　十二月三十日）

而して、此の十二月二十九日、寺務所職制が全般的に改正されたのである。即ち、第一章総則、第二章上局、第三章議制局、第四章法務局、第五章教務部、第六章学務部、第七章庶務部、第八章監正部、第九章資金部、第十章内事部、第十一章出納科、第十二章会計監査科であつて、又此時、新に顧問所が設置され、其の職制が制定されたのである。此の顧問所なるものが、法主の諮詢に応じて、意見を開申する所であつて、其の顧問会の会議事項は次の如く規定されてあつた。即ち

一、宗制寺法の改正に関する事項
一、重要なる制度の存廃に関する事項
一、教学に関する重要なる事項
一、会計に関する重要なる事項
一、内事に関する重要なる事項

料金受取人払郵便

京都中央局
承認

5682

差出有効期間
平成31年4月
9日まで

(切手をはらずに
お出し下さい)

郵便はがき

6008790

110

京都市下京区
正面通烏丸東入

法藏館 営業部 行

愛読者カード

本書をお買い上げいただきまして、まことにありがとうございました。
このハガキを、小社へのご意見またはご注文にご利用下さい。

お買上 **書名**

＊本書に関するご感想、ご意見をお聞かせ下さい。

＊出版してほしいテーマ・執筆者名をお聞かせ下さい。

お買上 **書店名**	区市町	**書店**

◆新刊情報はホームページで　http://www.hozokan.co.jp
◆ご注文、ご意見については　info@hozokan.co.jp

18.2.50000

ご氏名《ふりがな》		年齢　　歳　男・女
〒□□□-□□□□	電話	
ご住所		
ご職業（ご宗派）	所属学会等	
ご購読の新聞・雑誌名（ＰＲ誌を含む）		

ご希望の方に「法藏館・図書目録」をお送りいたします。
送付をご希望の方は右の□の中に✓をご記入下さい。　□

注 文 書

月　日

書　名	定　価	部　数
	円	部
	円	部
	円	部
	円	部
	円	部

配本は、○印を付けた方法にして下さい。

イ. **下記書店へ配本して下さい。**
（直接書店にお渡し下さい）

（書店・取次帖合印）

書店様へ＝書店帖合印を捺印の上ご投函下さい。

ロ. **直接送本して下さい。**
代金（書籍代＋送料・手数料）は、お届けの際に現金と引換えにお支払下さい。送料・手数料は、書籍代 計5,000円 未満630円、5,000円以上840円です（いずれも税込）。

＊お急ぎのご注文には電話、ＦＡＸもご利用ください。
電話 075-343-0458
FAX 075-371-0458

（個人情報は『個人情報保護法』に基づいてお取扱い致します。）

これに依つて見るに、最後の三事項に関するものは、白河党が改革の条項として掲げた処の、三条に適合するものであることが知られる。

乍然、大谷勝珍連枝は数日ならずして、執事を引退せられたのである。当時、神戸又新日報に掲げられた広告文によるに、即ち

> 当院住職大谷勝珍殿は去十二月二十九日本山総務授命あるも不感服の廉有之就任致されず依之事務上一切御関係無之に付当院部下御門末諸氏に告ぐ
>
> 三十年一月五日
>
> 姫路本徳寺役者　藤谷恵實

とあつて、本山公報の文書には総務の名を認められてあるも、実は、入京後、幾日も無く帰坊されたかの如である。これに依つて、松本白華は、倉惶、播州に走つて留任を請ふも面会だに得ず、篠塚不着また請ふ所有るも容れられず遂に、大谷勝縁連枝の就任を見たるが如くである。初め大谷勝珍連枝は其の就任に当つて、顧問が自分の去就を以て懇請せるに依り、一派の危急黙し難く、断然意を決してこゝに先づ、新役員の配置を定め、而して後ち一身を挺して難局に当らん事を諾せられたのであるが其後、任命せられたる役員は、同殿の許可せられたる者と異り、且つ、職制の如きも、毫も同殿の与り知らざる所であつて、其他、意に満たざるものが多く、到底、革新の実を挙げて事を成すに足らずとし、忽如、辞令書を返上して播州の自坊に引退し、固く門戸を鎖して人を引接せられなかつたと云はれてゐる。

斯くして第十代寺務所長の任を担つて、一派の難局に立たれたのは、大谷勝縁連枝であつたのである。

第十代寺務所長、大谷勝縁連枝時代

扨て、大谷勝縁執政の期間は、明治三十年一月十九日以降三十五年四月廿二日迄である。而して就任当初に於て（一月十九日）、松本白華に代つて、篠塚不着兼教務部長となり、三那三能宣に代つて、足立法鼓兼監正部長となり、篠塚不着に代つて小早川鉄僊資金部長心得となつた。其他の役員全般の顔振れは、二十九年十二月二十九日の任命の分であつて、前掲の如くなることは申す迄でも無い。

二月一日、従来の呼称「執事」を改め「総務」と称し、二月五日、寺務所職制の一部を改更したのである。即ち、第一章の総則、第二章中の資金部長を財務部長に、第九章財務部の全条に就て、第十一章出納科の廃止、第十二章を第十一章に繰上げたのである。かくて、財務部長に小早川鉄僊（二月五日）、文書科長に沼僧淳（三月十日）、監正科長に谷了然（四月七日）、庶務科長に太田祐慶（四月二十一日）が任ぜられた。更らに又、四月十三日、石川舜台を改革掛長に、小早川鉄僊を改革掛に命じたのである。されば当時の財務部長は（小早川鉄僊）、改革掛として、石川舜台の麾下に在つたのであつて、この事、今後の宗政上、注意すべきことである。

而して、彼の白川党の首班、清澤満之、村上専精等は、二月十四日、除名処分に附せられたのであるが、全国の改革運動は白川党を中心に、益々拡大され「教界時言」の言論は愈々熾烈となつて行つたのである。新総務連枝内局に対しても、其の五号に於て「連枝をして宗務の衝に当たらしむるの不可を論ず」の題を掲げて、無上尊厳ならしむべき事を力説してゐる。乍然、石川舜台一度出でて改革掛長に、小早川鉄僊、谷了然、改革掛となるに及んで、改革派の運動も其の峠を越したかの観がある。即ち、石川舜台の寺務所入に対しては、「未だ参務上席たる今日の氏を知る能ず、故に氏が入所に対して徒に、反対せざると共に妄に賛成を表せず」と説き、其の改革成案に対しては「氏それ当年の果断を失せるか然らずんば未だ大勢を看破する能はざるか、抑も又入所以来日尚浅く其の手段を揮ふ能はざるものありて存するか」と評し乍らも、教務と学務と合併して教学部となつた事、議制局の賛衆に寺務役員を加へずして、総員二十名、法主の特選とし、其の権能の如きも頗る拡張して、予算を議定し門末の建言を受理する事を加へた事に対して（此の制案十月一日発布）好感を以て迎へたのである。又、此時四月、従来の寺務出張所を廃して、財務出張所を設置したのであるが、これは一時の便宜であつて、来る議制局会議に於て査定さるべきものであつた、又、全国各地に教務所を設置したのも此の十一月である。

而して、議制局会議は十一月開催されたのであるが、十一月十日、白川党を中心とする、大谷派事務革新全国同盟会は解散されたのであつた。因に、三十年度に於ける録事の氏名を見るに次の如くである。

命録事　朽木　唱覚（三月十日）
同　藤林　廣顕（三月十六日）
同　大草　慧實（四月十三日）
同議事　太田　祐慶（四月十八日）
同　平野　龍音（同　）
同　高橋　休心（同　）
同　柏樹　誓海（四月廿一日）
命録事　児門　賢象（四月廿二日）
同　白尾　厳雄（同　）

命議事　平野　履信（同　　　　）
同　　井上　静圓（九月十四日）
同　　織田　蘭馨（同　　　　）
同　　　　瀧　経丸（九月十五日）

以上の如くして明治三十年は終つたのであるが、爾後、石川舜台の改革方針は、革新運動に顕はれたる輿論を把握して、教学の振興と共に、宗門百年の大計を建つるにあつた。彼の革新運動の言論にも現はれたる如く、此の宗門未曾有の時機に際会して、前途百年の大計を建つるに於ては、新たなる負債を生起するとも、敢へて意とするに足らずと云へるを容認せるもの丶如く、これにより、舜台一流の好題目を捉へ来つて、巧みに宗政の上に運用し、宗門百年の大計を樹立するが如く見へて、結果する所は、巨額の負債を醸成する外なかつたのである。

明治三十一年一月一日、本山の新たなる負債総額は、七拾参万八千六百九拾四円四拾壹銭貳厘とせられた。乍然此の七月には一時中絶せる海外布教を再興せしむべく北方蒙、松江賢哲に命じて、北京、南京各地を視察せしめ、続いて、谷了然開教事務局も北京に入つて、準備する所があつた。又一方、八月には、石川舜台は策士山田志馬と謀つて、新法主の関東布教を勧めて、京都を逸して東京に、次で、大谷瑩亮連枝を同じく東京に大谷勝信連枝、大谷瑩誠連枝、井澤勝什を清国に、見学視察の名を以て御外学せしめたのである。世にこれを、御壮図と称す。（阿部恵水氏談）斯くて、十月一日には、議制局会議の議を経たる議制局会議条例を発布したが、従前に比して、議制局会議の権能は拡張された。又、十月二十五日、寺務所職制の改正が行はれたのであるが、これは革新運動の後ちを承けて、石川舜台が改革掛長として、初めて成案せる所のものである。

寺務所職制

第一章　総則
第一条　本制は宗制寺法第十四条に基き之を定む
第二条　寺務所に上局及法務局議制局司正局開教事務局内事局教務課学務課庶務課資金課会計課理財課を置く
第三条　事務所に左の役員を置く、但法務局議制局に属する役員其他特に必要の役員は第二章以下に於て別に規定す

総　務	一人	親選
参　務	若干人	同
准参務	若干人	同
局　長	同	同
次　長	同	親授
課　長	同	同
録　事	同	稟授
承　事	同	例授
属　員	同	例授又は級外

（以下省略）

以上に於て見られる如く、監正は司正局に改められ、又、上局所属の中、文書課は機密文書を管掌し、記録課は各課の記録事務を掌理する所とし、又、資金課は教学事業に要する資金事務を掌理し、会計課は一般会計事務と作事事務を、理財課は甲乙二部の負債の整理及貸借の事務を掌るものとせられたのである。尚、新設されたる開教事

務局は、北海道、台湾、沖縄、及軍隊等の布教、其他、外国開教の事務を掌理したのである。

斯くの如くして、寺務所職制の陣容を新たにし、外に向つては、開教を再興し、内に対しては、教学、財政、内事の振起粛正を企図したのではあるが、一方、石川舜台は、此時に於て盛んに公認教問題を提唱し、これが実現期成の運動を促し、遂に、全国仏教徒大会を開催せしめたのであつた。

（『真宗』第三八七号、昭和九年一月発行）

明治維新以後に於ける大谷派宗政の変遷（十六）

第十代寺務所長、大谷勝縁連枝時代（つゞき）

前述の如くして、石川舜台が、氏一流の手腕を振ひ初めたのは、寺務所職制の改定された頃からであつて、短命なる伊藤内閣が倒れて山県内閣の組織された頃である。時偶々、巣鴨監獄教誨師に、仏教々誨師が被免され、基督教々誨師が任用されて、世論を沸騰させ、遂に、仏教徒国民同盟会が（本部、東京市森川町一番地字橋通）奮起し、（九月二十九日東京柳橋柳光邸にて発会式を挙ぐ）仏教壮年会が組織され、十二月十一日には、関西仏徒同盟会が組織されて（本部、大阪市南区北炭屋町百六十四番地）難波新地明月楼に発会式を挙げ、以て東西呼応して、全国仏教徒の一大示威運動となり、十一月三十日開会の帝国議会に迫らんとしたのである。而かも、此の巣鴨監獄教誨のことは、我が大谷派の権内に在つた。故に、石川舜台は一派の威厳を顕揚すべく、内外の視聴をこれに集注せしめ、花々しき大運動を開始したのである。

此の事件が大谷派の勝となると共に、一歩を進めて、積極的に、政府をして宗教法制を確立せしめて、仏教を以て公認教たらしむべく、万般の運動を進めて行つたのである。石川舜台が、三十一年九月二十五日、三十日の両度に亘つて、大隈伯等数人に意見書を配附して始末書を取られたのは此時であつた。而して、公認教運動に刺撃されて、政府案の宗教法案が、帝国議会に提出され、該案が、仏教側の意に満たざるものとして、大反対を受け、貴族院に於て否決されるに至つたのは三十三年二月十七日であるが、兎も角、三十一年頃に於ける、大谷派は、巣鴨事件、公認教運動等と、対社会問題に、大部分の力を集注したのである。従つて舜台自身も、「仏教を公認教たらしめざるべからず」の論説を公表して居るが、井上圓了博士の著『政教論』藤堂融著『宗教法論』『政教要論』と云つた著作が、興味を持つて読まれたのであつた。

又、此三十一年の十二月二十九日には、西本願寺大谷光尊法主も、本山改革を思立たゝれて、東京より御帰山になつたのであるが、是等、当時の風潮を知る上に幾分の参考とすることが出来ようと思ふ。

扨て、三十二年に入つて、一月三十一日、教導講習院（明治二十八年十二月二十四日、軍隊布教監獄教誨等の布教に応ずる為め開設せるものにして、三十一年七月二十三日、教導講習院と改称）を東京に移し、（二月一日、役員十二名赴任し、十一日開院式を行ふ。）一月六日には賛事、賛事補、寺務用掛を廃し、又、伝道使を廃して、特派布教使を置くことゝなつた。二月八日、寺務所職制の改正を行ひ、次いで二月十一日、教学の改善を策励し、財務の統一を計る為めに、宗制寺法中及同補則を改正した。即ち、寺務組織の改正されたるものは、次の如くである。

上局（総務、参務、准参務を以て組織）

文書掛、記録掛、相続講掛、監視掛、会計監査掛（以上上局所属）

法務局（法務局長　小林什尊）

議制局（議制局会議長　小栗憲一）
布教局（布教局長　谷　了然）
勧学局（勧学局長　和田圓什）
会計局（会計局長　藤原励観、一月六日任）
理財局（理財局長　平野履信、一月六日任）
内事局（内事局長　佐々木祐寛）

これに依つて見るに、三十一年十月二十五日改正の六局六課の組織に比して、頗る、統整ある形態を備へ、往年、白川党等革新派が、翹望せる所のものに、添ひ得るものとなつた。

丁度、此の三月、教誨師問題の建議案が衆議院を通過した。仏教徒大会が知恩院で開かれ、教誨師問題公認教問題が議せられた。此時、本山に於ては、臨時機務局なるものが設置せられて、其の章程が発布されたのである。

（三月六日。）

臨時機務局章程

第一条　政教関係の交渉事務を処理する為に臨時機務局を設く。
第二条　臨時機務局に左の役員を置く。
　委員長　一人　上局員を以て之に充つ、
　委員　　六人　録事を以て之に充つ、
　書記　　二人　承事を以て之に充つ、
第三条　委員長は政教関係の交渉事務を統理す。

第四条　委員長は事の稍重大にして上局会議を経るを要するものは上申允可を待つべし。
第五条　委員長は処務細則を定め施行することを得。
第六条　委員は委員長の指揮を受け事務を整理し及意見を開陳す。
第七条　委員は委員長臨時事故あるときは委員半数以上の合議を以て代理処弁することを得。
第八条　委員は各事務の分担を定むべし。
第九条　書記は上長の指揮を受け庶務に従事す。

附　則

第十条　本章程は明治三十二年三月十日より実施す。

又、三月十四日には、広島教務所を廃し、同日、黜罰例規則を制定発布したのである。

今、機務局員任命の氏名を見るに次の如くである。

命臨時機務局委員長　石川　舜台
同　委員　兒門　賢象
同　同　土屋　観山
同　同　瀧　経丸
同　同　松岡　秀雄
同　同　千原　圓空
同　同　富士澤信誠
同　書記　奈倉　和嘉

同　　同　　坂　覚明

又、黜罰例制定に依つて、審問会が出来、此の審問会に附すべきや否やの実情を検して意見を開申せしむる、検務使、検務員が任命されたのである。検務使は検務総長に当るものであつて、平野履信が命ぜられた。（三月十七日）

五月三日、昨秋より大問題となつて居つた、巣鴨監獄教誨師問題も、留岡幸助は職を免ぜられ、松見善月、興地観圓へ任命の辞令が交付されて、復旧落着するに至つた。これより、全国仏教徒大会の決議によつて、公認教制度期成同盟会が設立され、更に運動発展せしめることになつた。（五月十日）又、東京に於ては、大日本仏教徒同盟会（仏教徒国民同盟会の改称）が組織され、十二ヶ条の理想を掲げた。六月一日、本山は更に、政教関係の事務を処理する機関として、特別教務局を設置し其の章程を発布した。

特別教務局章程

第一条　特別教務局は政教関係の事務を処理す。

第二条　特別教務局に左の職制を置く。

局長　一人

次長　一人

録事　若干人

承事　若干人

用掛　若干人（特授以下例授に至る）

第三条　局長は局務を整理し職員を監督す次長は局長を輔け局長差支あるときは、之を代理す。

第四条　録事承事及用掛は局長の指揮をうけ事務を掌理す。
第五条　特別教務局に評議会を置き評議員は特に之を選任す。
第六条　評議会は諮詢せられたる事項に付答申するものとす。
第七条　評議会は其の意見を開陳することを得。

附　則

第八条　本章程は発布の日より実施す。
第九条　明治三十二年告達第二十三号（第九号の誤りか）は本章程実施の日より廃止す。
参照告達第二十三号（第九号か）

明治三十二年三月六日告達第九号臨時機務局の件

以上に依つて考ふるに、本告達（廿二号）実施の日より二十三号廃止すとあれど、これは恐らく誤植であつて、第九号を廃止することであらう、して見ると、臨時機務局が廃止されて特別教務局が設置されたことゝなる。これに依つても、公認教問題が世上一般の大問題となり、仏教徒間に如何に論議され、その運動の愈々拡大されつゝある事が知られる。而かも此の一大運動を牛耳する者は、我が大谷派であり、其の花形が石川舜台である。舜台は六月、『政教小議』を刊行して、維新以後の宗教政策に就いて十ヶ条を挙げて評論して居る。又、此の特別教務局長は石川舜台自身であつた。又、会計局長に付いては、六月二十九日、小早川鉄僊辞任して、谷了然兼任し、更に八月二十九日、谷了然辞任して、堅田勝増の兼任する所となつた。

扨て、十一月二十日、第十四帝国議会は召集され、愈々、こゝに政府の宗教法案は提出されんとしたのである。十一月三日、臨時全国仏徒大会が知恩院を会場として開催された。又、これに先立つて、本山は議制局会議を十月十六日より十一月一日迄開催したのである。十二月九日、政府は宗教法案を以て、果然、貴族院に提出され、十四日、議事として上程されたのである。此日（九日）、在東京の各宗委員は左の決議を為し同盟二十六宗派に対して、直ちに上京すべしとの通電をなした。

一、各宗派代表者若くは執事を東京に会同せしむること
一、会同期日は十二月十二日とす。
一、会場は永平寺出張所又は新高野山とす。

所が、西本願寺派委員藤田祐真より各宗委員に自今出席を為さゞる旨を届けられた。即ち、「拙者より昨夜決議の次第管長猊下へ上申仕候処目下の時機に於て所感被為在各宗派より委託の義本日限御断被成候に付拙者自今出席不致候間此段及御届候也」と云ふのである。之れに依つて、西本願寺は此の運動より手を退いたのである。

我が本山に於ては、七日、石川舜台は東上して、京橋区尾張町林屋に滞在し、十六日、芝区三田小山町五番地に宏壮なる屋敷を借受け引移り、又、十一日には、姫路別院輪番、顕明院連枝殿、後藤祐護等を随へて東上し、三田の舜台居寓の屋敷へ入られ、大いに為す所有らんとしたのであつた。東京府下に於ては、大谷派総末寺会を開催して、政府提出の宗教法案反対理由十ヶ条を掲げて、全国末寺に頒布し、大いに反対の気勢を挙げたのである。

先きには、公認教制度を提唱し、全国より貴衆両院へ請願せるもの百万人に及ぶと称せられ乍ら、今や、政府提出の宗教法案に対して反対運動を開始せるものは、(一)宗団の本末関係を紊乱せしむること、(二)主長制度の破壊、(三)政府干渉の色彩濃厚にして、毫も公認教たるの権能を附与せず。(四)宗教団体一般を一律平等視して其の歴史と現勢を考慮せず、以上の四要点に在つた如くであつて、これに依つて、全国五百七十有余の諸団体二百有余万の同志に檄して、公認教期成同盟会本部を中心として、俄然、猛烈なる反対運動の火蓋を切つたのであつた。

而して、十二月二十八日、三度、寺務職制の改正を行つた。此時は、二月八日の改正職制に比して、理財局を整理局に、上局所属の監視掛を監正局に会計監査掛を会計検査局に独立させ、相続講掛を廃して庶務科として、文書科記録科と共に、上局所属と改正したのであつた。

又、一旦廃止された用掛を再び置くこととなつたのである。

扨て、翌明治三十三年、一月六日には、大日本仏教徒同盟会、公認教期成同盟会、東京府下大谷派総末寺会、信徒倶楽部を始め、其他宗教法案反対の各仏教団体の代表者十八名は、京橋南鍋町伊勢勘に会合し、本月下旬、全国仏教徒大会を開会するに就き、其の打合せをなし、協議の結果左の数項を決議したのである。

一、全国仏教徒大会は宗教法案に絶対的反対の態度を取る事、

一、各団体代表者即本日出席の十八名を以て全国仏教徒大会事務所を組織し大会準備員と為す事、

一、各団体代表者中より五名の寺務委員を選出する事、

一、全国仏教大会より全国に向つて来る十日迄に檄文を発する事、

一、事務所を赤坂田町六丁目六番地に設くること、

かくして、近角常観、本多辰次郎、柏原文太郎、上野安太郎、隈野猪太郎、大垣丈夫、河村吉三、諸岡道太郎、長麟城、安藤鉄腸等が専務委員となつて準備すること、なつた。又、五日より七日迄、京都妙心寺に於ては、各宗派臨時大会が開催されて、貴衆両議員への陳情書送附の件、決議宣言書の件、将来の運動方法の宣言書によつて実行することを決議したのである。

東京に於ける全国仏教徒大会は二十一日、中村楼、井生村楼、二州楼の三楼にて開催され、三楼に集まる人員一万二千三百余人、参会の代議士は河野廣中等の十七名であつて花々しき一大示威運動を開始したのである。而も、

三十二年十二月十一日より三十三年一月十六日迄の、全国より公認教請願書提出数、四十五万九千八百七十二、未提出凡そ三十万と数へられた。

以上の如く、全国的反対運動の下に於て、尤も奮闘せるものは大谷派であり、石川舜台采配の下に、表裏二面奇智縦横の運動が行はれたと云はれる。此の結果貴族院に於ける、前後十二回の会議を経て、遂に、百対百二十一を以て、政府提出の宗教法案は否決されたのである。

当時、此の運動に参加して、折衝奔走せる人々の懐古談は往時に於ける大谷派宗団の気力を窺ひ得て、彼の両堂再建事業と共に、興趣津々たるものが存する。

（『真宗』第三八八号、昭和九年二月発行）

明治維新以後に於ける大谷派宗政の変遷（十七）

第十代寺務所長、大谷勝縁連枝時代（つゞき）

前述の如くして、政府提出の宗教法案は全国仏教徒の大反対に依つて、見事に否決されて仕舞つたのであるが、此の反対運動の中心ともなり、指導者ともなつたのは、石川舜台を以てする当時の大谷派宗団であつた。其の気概と勢力とは実に花々しきものがある。而して此年（三十三年）四月十三日には、欧州に於ける宗教制度視察の為め、近角常観、池山栄吉を派遣せしめた。

斯くして、五月二十三日には、当時の新法主大谷光演上人を正使として、日置黙仙、南條文雄、藤島了穏、前田誠節等、仏骨奉迎の為め暹羅へ渡航せられたのである。七月十一日帰朝せられ、二十三日妙法院宸殿なる仮奉安所に於て、暹羅公使立会の上、奉迎使と奉迎事務局総理、奉迎委員との間に、御遺形授受の式が挙行せられた。現在、名古屋日暹寺に奉安する所のものがそれである。

十月十八日、大谷勝縁連枝に代つて、石川舜台は寺務総長に就任したのであるが、これより十日早く、政府に於ては九日、第四次伊藤博文内閣が組織された。又、伊藤侯に依つて、立憲政友会が初めて組織せられ、国民同盟会と対立するに至つたのも此頃である。又、当時、義和団討伐の事は終局を告げたが、露国は満洲領有を計図し東清鉄道の工事の半完成せる頃より、陸続軍隊を満洲に派遣して、東三省独占の勢を示し、こゝに、日露戦争の禍因を醸成したのであつた。

第十一代寺務総長、石川舜台時代

明治三十三年十月十八日、大谷勝縁連枝は執事を辞して執綱となり、石川舜台が代つて寺務総長に就いたのである。今此時に於ける、主なる役員を見るに、

命執綱　大谷　勝縁
命寺務総長　石川　舜台
同内事局長　佐々木祐寛
同庶務部長　和田　圓什
同教学部長　谷　了然
同統制部長　平野　履信

同会計部長　桑門　志道
同文書科長　土屋　観山
庶務部録事　松岡　秀雄
同　　　　　蕪城　賢順
同　　　　　久米　天海
教学部録事　兒門　賢象
同　　　　　出雲路善雄
同　　　　　澤　　教観
統制部録事　福井　了雄
同　　　　　葦原　林元
同　　　　　南浮　智城
会計部録事　藤溪　深誠
同　　　　　畠山　頼暎
同　　　　　大崎　信一
文書科録事　野間　凌空

（以上）

又此時、寺務所の職制の改正が行はれたのである。

寺務所職制

第一条　寺務所は宗制寺法に依り一派を統轄する所とす、
第二条　寺務所に上局法務局内事局議制局教学部統制部庶務部会計部をおく、
第三条　上局は枢機を裁制する所とす、
第四条　上局は執綱寺務総長局長部長を以て組織す、
第五条　執綱は法主を輔佐し役員を統率し寺務を監督す、
第六条、寺務総長は各局部科長を統へ寺務一切の責に任ず、
第七条、執綱寺務総長は寺務所職制章程を定め法主の認可を経て之を施行す、
第八条　執綱又は寺務総長は必要と認むるときは局部長の処分又は命令を中止せしめ上申允可により取消若しくは更改せしむることを得、
第九条　条例告達にして寺務の全般に係るものは執綱寺務総長及局部長之れに副署すべし局部長専任に属するものは執綱寺務総長及主任の局部長之れに副署すべし所達は執綱寺務総長署名して之を発布すべし内事局長は条例告達に副署し又は局達諭達訓示告示を発布せざるものとす、
第十条　事務総長故障あるときは首席局部長之を代理し首席局部長故障あるときは次席の局部長順次之を代理すべし、
第十一条　各局部に左の役員を代理す、

法務局

上　綱　　一人（直連枝）

管　務　　一人（特授）

鍵　役　若干人（特授）
鍵役補　若干人（特授）
上　首　一人（特授）
定　衆　若干人（特授）
定衆加談　若干人（親授）
録　事　一人
承　事　二人
輪　番　二人（准稟授）
堂　衆　若干人（親授稟授例授）
内事局
局　長　一人
家従長　一人（親授）
録　事　一人
家　従　若干人（稟例授）
承　事　一人
議制局
録事一人、承事一人、書記一人
教学部

部長一人、録事四人、承事四人、書記四人
統制部
部長一人、検務使一人、録事四人、検務員一人、会計検査員二人、承事四人、書記四人、巡察若干人
庶務部
部長一人、録事三人、承事四人、書記四人
会計部
部長一人、録事四人、取締若干人、加談若干人、承事四人、書記若干人
上局隷属
文書科
科長一人、録事二人、承事四人、書記二人
記録科
科長一人、掌記二人、書記二人
第十二条　局部長は特授又は親授科長は親授又は稟授録事は親授又は稟授承事は例授書記は例授准例授又は級外とす、
第十三条　局部科長は執綱及寺務総長の監督により主任の事務を管理し其責に任ず、
第十四条　内事局長は内事の事務を整理する外、寺務に干与せず若しく上局会議に列せざるものとす、
第十五条　局部長は主任の事務に付条例の制定改廃を要するものと認むるときは案を具し之を寺務総長に提出し上局会議の議を求むるものとす、

第十六条　局部長は所属役員を董督し稟授の進退は執綱寺務総長を経て上申し例授以下は之を専行す上局隷属の各科及議制局稟授の進退は執綱を経て寺務総長之を上申し例授以下は寺務総長之を専行す、
第十七条　各局部は主任の事務に付所属役員を出張せしめんとするときは親授は允裁稟授は決裁を経べし、
第十八条　本職制に於て局部長に関する規定は法務局管務に適用す、
第十九条　局部長故障あるときは執綱若しくは寺務総長の指揮により他の局部長臨時兼摂すべし、
第二十条　科長は主任の事務に付条例の制定改廃を要するものありと認むる時は案を具して寺務総長に具申すべし、
第二十一条　科長は執綱及寺務総長の監督により所属役員を董督し主任の事務に付ては其責に任ず、
第二十二条　科録事は局部長の指揮を承け事務を整理す、
第二十三条　承事書記は上長の指揮を承け庶務に従事す、
第二十四条　第十一条に規定せる役員の職務権限は法主の認可をうけて執綱之を定む、
第二十五条　録事承事掌記書記巡監は事務の繁簡により他の局部科の事務を兼任せしむることあるべし、
第二十六条　法務局は両堂の守護崇敬及本山別院末寺の法要儀式に関する事務を掌る、
第二十七条　内事局は内事の事務を掌る、
第二十八条　議制局は議制局会議の事務を掌る、
第二十九条　教学部は内外国の布教及学業教育に関する事務を掌る、
第三十条　統制部は役員を監視し派内の風紀を保持し併せて黜罰事務の整理を掌る、
第三十一条　庶務部は別院末寺及官庁各宗に関する事務を掌る、
第三十二条　会計部は出納の事務を掌理し会計の統一を主持し兼ねて造営の事務を掌る、

第三十三条　上局に文書科記録科を隷属す、
第三十四条　文書科は上局の事務を整理し及達令に関する事務を掌る、
第三十五条　記録科は諸般の記録事務を掌る、
第三十六条　執綱寺務総長又は局部長は各其局部内の役員を以て特に一事件を審査せしむる為めに委員を設け又は臨時の事務を担当せしむる為めに掛を設け使用することを得、
第三十七条　各科に用掛を置くを得用掛は当該局部科の事務に従ふ用掛は等級を定めず其進退に関する規定は第十六条の例による、

附　則

第三十八条　本規則は発布の日より施行す、

（以上）

尚此月二十七日教務所職制が改定されたのである。

斯くして、明治三十四年に入るのであるが、五月二十七日、教学商議会規則を制定し、二十八日、耆宿局議制を定めたのである。耆宿局会議長に渥美契縁を、耆宿に足立法鼓、松本白華、南條文雄、清澤満之を命じ、六月二十四日より耆宿会を開催し、新法主東京御滞在の可否と負債整理の方法とを議したのであつた。六月六日、東本願寺副管長の制を設け、大谷光演上人が副管長に就任せられたのであるが、九月二十一日第二回耆宿会が開催され、村上専精著『仏教統一論』の可否、大乗非仏説論の主張に就いて討議する所があり、其の処分に関して議論紛々たるものがあつた。此の結果、帰俗せしむることに決せられ、十月十三日、村上専精の僧籍離脱となつた如くである。

これより先き三月、法主は上局及耆宿を枳殻邸内閬風亭に招致して、教学の拡張と財務の整理とは相伴はざるべからざることとを親諭し、和衷協同以て尽すべきことを示された。これは、彼の白川党が本山の秕政を云々して改革を叫んで以来、我大谷派に於ては巣鴨問題、宗教法案問題、仏骨奉迎一件等と内外に亘つて支出せる資財は巨額に達し財政の均衡は破れて莫大なる負債を生づるに至つたからである。これによつて、十月十日臨時財務奨励局を新設し、其の職制を定め、二十一日章程を発布したのである。尚ほ、十一月二十九日負債整理方法の集議を寝殿に開き、在京商量員以上及世話方を召集し、講頭神野金之助説明の任に当るに肥後の魚住伊兵衛第一着に千五百円を進納し、貳千円を三ヶ年間調達せんこを提言するに至つて、一同感奮、こゝに百九拾壹万円の負債額は、割当するに決して局を結ぶことを得たのであつた。尚ほ、此日、石川舜台、会計部長兼任を辞し、小早川鉄僊、会計部長に、阿部恵水会計部録事に就任したのである。

明治三十五年に入る。

一月七日、法主台下は大谷参廟の途次、馬狂逸して乗車顚覆せる為め、負傷あらせられて一時重態に陥入られたのであるが、枳殻邸にて静養加療、やがて快復あらせられた。四月十日、本山に加談会を開催、会員より当路者に財政上の質問があり小早川会計部長の答弁があつた。其の答弁釈明頗る曖昧なるものがあり、舜台の答を促すにまた不明確なるものが有つて、遂に上局の不信任が議決され議論愈紛糾を極めて、十六日耆宿会開催諮詢の事となつた。白糠炭鉱の件十勝炭鉱の件六条生命の件栃木山林の件等凡そ八件。十八日、清澤、南條両耆宿は病に托して辞去。遂に、四月二十二日、総長以下総辞職となつて、こゝに、井澤勝詮を寺務総長心得に、堅田勝増を法務局管務兼上局出仕に、小林什尊を内事局事務管理に、渥美契縁は顧問に、小早川鉄僊は会計顧問に、二十三日録事以下の辞職を認可し、更らに、平野龍音以下に次長録事を任命するに至つた。

（『真宗』第三八九号、昭和九年三月発行）

明治維新以後に於ける大谷派宗政の変遷（完）

第十一代寺務総長心得、井澤勝詮時代

前述の如くして、石川舜台内局も三十五年四月二十二日、財政の破綻に依つて崩壊するに至つたのであるが、五月七日より会計簿の調査にかゝり、六月一日、鴻ノ池銀行理事嶋村久、原田二郎、廣橋伯の来京を機として、同銀行より百万円借入の事を内談し、こゝに井上伯の承諾を得ることゝとなつた。これによつて十五日御直書を寝殿に於て開繙したのである。次いで、大阪名古屋等に御直書を披露するに、所謂、愛山党と称する十三名の一味、大いに本山の方針に反対し騒擾する所があつた。為めに八月三十日是等愛山党は僧籍褫奪の処分を受くるに至つた。これより先き、五月、四拾貳万円紛失事件なるものがあつた。乍然、此の問題は後日、釈然とすることを得たのであるが、十二月一日、石川舜台は是等の事件に就いて、一篇の覚書なるものを上局に提出したのである。

此時、偶々、貴族院議員にして少壮講頭たる鳥越貞敏は藤田傳三郎と共に、石川舜台の秘密を指摘し一山の末寺に公開して、以て白日下に一大切開手術を施して財政の立直しを計らんとした。（阿部恵水氏談）

明治三十六年。一月二十三日、財務整理に関して緊急の要件を議する為め、臨時議制局会議を開催した。これに依つて、再び、渥美内局の出現することゝなつて、井澤勝詮、寺務総長心得を辞するに至つた。

第十二代寺務総長、渥美契縁時代

明治三十六年三月十日、渥美契縁寺務総長に任じ、小林什尊法務局長管務に、小早川鉄僊会計部長に、梅原譲教学部長に就任し、三月二十八日、昨夏以来紛擾を極めた四十二万円紛失事件も、藤田傳三郎、濱岡光哲に臨時会計調査顧問を嘱托して調査したる結果、明細となつて事件は落着したのであるが、此時、石川舜台等宮御殿に召致されて、法主台下の叱責を受け請書を提出せしめられたのである。

扨て、契縁総長に就任して五月二日、寺務所職制の改正を行ひ、上局、法務局、内事局、教学部、庶務部、監正部、相続講事務局、会計部、出納部、財務部、監査部を以て組織したのである。又、井上伯に財務整理の顧問を依頼し、臨時財務整理委員規則を制定し、三日、両法主台下より此儀に就いて御直命があらせられた。今此時に於ける主なる寺務役員を見るに

寺務総長兼相続講事務局長	渥美　契縁
監正部長兼庶務部長	小早川鉄僊
文書科長兼監正部次長	白尾　義天
教学部長	梅原　譲
会計部長	白石　頼貞
財務監査	鳥越　貞敏
相続講事務局次長	平野　龍音
庶務部次長	桑門　志道

財務監査次長　田中　泰侶
相続講事務局録事兼教学部　澤　教観
庶務部録事　久米　天海
監正部録事　小山　法深
出納主任　山田　龍
相続講事務局録事　河部　恵水
文書科録事　内記　龍舟
寺務総長附秘書記兼文書科録事　関地　良成
内事局録事　佐々木一也
教学部録事　福田　研寿

（以上、五月より八月分迄）

かくて更に、七月二十五日臨時財務整理奨励主任を置き、其の職制を発布したのである。

十月一日、現法主闡如上人御誕生。

十二月四日、相続講事務局に用掛を置き、二十八日、二種礼金特別会計法を発布したのである。

明治三十七年に入つて、一月五日、極めて突如、現如上人は寺務全般を彰如上人に委任せられたるに就て、こゝに、従前の寺務職制を廃して寺務改正局を設置し、大谷勝信連枝を総裁に篠原順明を局長に任命して、以て、一切の事務を処理せしめらるることゝなつた。乍然、此の改正局設置の件は文部省の認容せざる所となつて、遂に十六日、改正局を廃して、当分従前の寺務所職制に依つて諸般の事務を取扱ふ事に落着したのである。これに依つて篠

原順明が寺務総長として立つた訳である。（阿部恵水氏談）（此辺の裏面史省略）

第十三代寺務総長、篠原順明時代

二月二日臨時奨義局が設けられ、（十日日露宣戦の大詔煥発）四日、臨時寺務改正調査会規定が制定せられ、九日、其の職務章程が達示されたのである。而して、寺務改正の御親示が二月二十五日披露せられた。当時、会計部次長であつた荒木源理の招請によつて、四月、阿部恵水会計部出仕として再び出づること丶なつたが、六月三十日、会計部員の辞表提出より紛擾を惹起したのであつた。此後を承けて、藤原励観会計部長に任じ、七月二十七日、臨時財務整理奨励主任の職制を廃して、地方教務主任の職制を制定したのである。此時に於ける本山の宗政は財政の危機に絡んで、頗る難渋なるものが存する。八月には大橋與一の事件が起り、九月には佐竹法城の事件があつた。十一月七日には遂に、篠原順明退役の命を蒙り、石川舜台寺務総長の命をうけたのであるが、これも又、固より長い寿命は無かつた。

第十四代寺務総長、石川舜台時代

明治三十七年十一月七日、石川舜台内局の主なる顔振れは次の如くである。

寺務総長	石川　舜台
相続講事務局長兼監正部長	谷　了然
庶務部長	和田　圓什
臨時会計部長	藤原　励観

教学部長　梅原　譲
文書科長　土屋　観山
会計部次長　松岡　秀雄
庶務部次長　野間　凌空
相続講事務局次長　佐々木徹成

十二月五日、財務整理奨励用掛及本廟相続講志施行用掛を廃して、相続講事務用掛を置き、十七日、寺債局を設置した。此月、北浜銀行差押の一件が起り、鴻ノ池また督促状を門信徒に出状公開して、両者交互、本山に対して返金を迫り、其の窮状日に切迫するものがあつた。

三十八年一月二十三日、彰如上人寺務委任を返上し、現如上人再び寺務を親裁せらるるに及んで、二月一日、石川舜台辞任して、慧日院連枝寺務総長に就任せられ、夾輔職制を定めて、大谷瑩誠連枝、夾輔職に就任せられたのである。

第十五代寺務総長、大谷勝信連枝時代

寺債局を廃して、二月十一日、財務整理委員会を開く。今や一派の負債は前後未曾有の巨額に達し、一月三十一日現在総額四百二十万円と算せられるに至つた。此の財政上の難局に衝つて、大谷勝信連枝の内局を見たのである。当時の会計部長は小早川鉄僊、会計部次長は阿部恵水である。これに依つて、十三日、財務整理の議を諮らんが為に、各教務所部下、僧侶二名、同行五名宛の総代を召集して門末大会を開催、十五日、財務整理示談所を設置し、三月七日、臨時議制局会議を開会したのである。四月、小早川鉄僊会計部長を辞任し、阿部恵水会計部長に就任し

たのである。今、此時に於ける主なる役員をみるに、

寺務総長兼監正部長　大谷勝信連枝
夾　　　　輔　大谷瑩誠連枝
庶　務　部　長　石川　馨
教　学　部　長　朧　経丸
会　計　部　長　阿部　恵水
相続講事務局次長兼臨時会計部次長　竹中　茂丸
寺務総長秘書記　安田　力
夾　輔　秘　書　記　下間　空教
内　事　局　長　大草　慧實

（以下略）

六月十三日、石川舜台を除名処分に附した。三十九年五月二十五日、執行以来三ヶ年を経過せる北浜銀行の差押へも、主として名古屋よりの資金によつて、全部解除となり、十二月、鴻ノ池四十万の債務を齋藤善右衛門借入の金によつて償還し、大橋與一の債務を延期せしめて、明治四十年へと入つた。五月二十七日、宗祖大師六百五十回忌御遠忌準備委員事務所規程を発布し、更に、八月九日、これを廃して、御遠忌準備事務局職制を定め、十一月二十日、大門建築の認可を得て、十二月一日起工式を挙げたのである。

明治四十一年五月五日、慧日院連枝は顧問となり、寺務総長兼内事局長に大谷瑩誠連枝、教学部長兼遠忌準備事務局総理に大谷瑩亮連枝就任せられ、相続講事務局長に竹中茂丸、御遠忌準備局長に安田力、庶務部長兼文書科長

に龍山巌雄、会計部長に下間空教、監正部長に長谷得静、財務顧問に、阿部恵水任ぜられて、世に所謂、法学士内局が出現したのである。此前後、幾分の異同が有るが省略することとする。六月二十四日、現如上人は法務管長を彰如上人に譲り、荘厳光院と号して東京霞ヶ関に隠退せられ、こゝに、彰如上人第二十三世の法灯を継承せらることゝなつたのである。（完）

宗政の変遷を記述し始めたのは、昭和七年の秋十月からであつた。爾来、一年有余半前後十八回現在の記述に及んだ。此間、阿部恵水氏、一柳知成氏、朽木廣覚氏、関根仁應氏、菊池秀言氏、加藤智学氏、鈴木憲雄氏、加藤重信氏、藤川霊瑛氏、松本現道氏等、多数者の助言を忝うした事に就いて、こゝに謝意を表する。

今や、本稿は、現如上人の御譲職を以て一段落として終結する。本稿が宗政の変遷を知る上に、又如何にして多くの人士が毀誉褒貶の裡に、巌護法城以て此の宗団を今日あらしめたかを知るの一助ともならば、筆者の幸栄とする所である。こゝに光養麿殿御得度式挙行の佳辰を慶祝しつゝ、擱筆如斯。

（『真宗』第三九〇号、昭和九年四月）

第二部

石川舜台とアジア布教

第二部　解　説

明治期における真宗大谷派の宗政に深く関わり多彩な事業を推進した人物として、第一に挙げるべきは石川舜台であろう。本書には、『中外日報』に連載された初期のアジア布教等に関する石川の回顧録を収録した。数多い事業のなかでも、アジア布教は特に石川が重視し、他宗派に先駆けて着手されたものである。収録した回顧録は題名が示すように明治仏教の裏面史とも言える内容であり、石川の型破りな着想と類まれな行動力が如実に示されている。

まずは石川舜台の経歴と事蹟について略述し、石川宗政の意義を考察するとともに、収録した回顧録に関して若干の解説を加えよう。

（1）石川舜台に関する伝記類

石川舜台の経歴等を著述したものは、短い記述も含めるとかなりの点数にのぼるが、基本的文献として以下のものを挙げることができる。

①「青年時代の石川舜台　石川舜台自叙伝」（一九二四年『中外日報』連載）
②『石川舜台老師頌徳記念会趣意書』（一九四〇年）
③鹿野久恒編『傑僧石川舜台言行録』（仏教文化協会、一九五一年）
④近彌二郎著『加能真宗僧英伝』（近八書房、一九四二年）

①は一九二四年四月から同年八月にかけて『中外日報』紙上に断続的に連載されたものである。石川の生前の述懐をもととした貴重な史料であるが、内容が青年期に限定されている。

②の発行元の石川舜台老師頌徳記念会は、暁烏敏・真溪涙骨（中外日報社主）らの呼びかけにより、一九四〇（昭和十五）年に発足した。会では石川を頌徳する諸事業を行うことを目的とし、その一環として石川の遺著と伝記の編集刊行を目指し、第一巻『仏教社会観序説附心性学説』（一九四〇年）、第二巻『石川舜台師選集』（一九四三年）を刊行した。引き続き第三巻『石川舜台老師伝』を刊行する予定で、多屋頼俊（大谷大学教授）執筆による一千枚に及ぶ原稿も完成し、東京冨山房からの刊行も内定していたが、戦時中の混乱で刊行が見送りとなった。以上のことは、③の巻末収録史料からも知ることができる。しかし、②に収録の「石川老師の略事蹟と著書」は③に収録されていない。筆者は②『石川舜台老師頌徳記念会趣意書』を一部蔵書しているが、「石川老師の略事蹟と著書」は南條文雄の『懐旧録』をもとに執筆されたもののようである[1]。

③は、戦時中に刊行予定されていた『石川舜台老師伝』に代わるものとして、戦後になって刊行されたものである。編者は頌徳記念会の理事で、大谷派横浜別院の輪番でもあった鹿野久恒である。石川の語録・逸話のほか、暁烏敏・南條文雄らの回想が収められ、巻末付録に「四十二万円不明事件弁明」と「石川舜台老師頌徳記念会の設

立」が収録されている。

④は、石川の国許金沢市にある近八書房から刊行された。筆者は、近八書房の経営者であり、加賀・能登出身の主な真宗僧侶を網羅して、その経歴・事蹟を詳述している。「石川舜台」の項目の末尾の参考史料には、「慎憲塾叢説」など所蔵機関を確認できないものが記されている。鹿野久恒は③の「はしがき」に、「伝記編纂の資料を得んため金沢横安江町近八書店に往き四十二万円不明事件弁明書（謄写版ずり）を発見してその真相を明にすることが出来たので本書の終りに之を付録とした。」と記している。④は、地元でしか入手できない史料を活用して独自に執筆されたもののようである。

このほか、多屋頼俊「石川舜台と東本願寺」（『講座近代仏教』第Ⅱ巻所収、法藏館、一九六一年）、常光浩然著『明治の仏教者』上（春秋社、一九六八年）収録の「石川舜台」の項、浅香年木著『北陸真宗教団史論　小松本覚寺史』（真宗大谷派本覚寺、一九八三年）収録の「契縁と舜台」なども、石川の経歴を知る上で参考となろう。

（2）石川舜台の経歴

石川舜台の豪胆さを示すエピソードは尽きないが、詳細は前記の文献に譲るとして、以下に石川舜台の経歴を簡単にまとめておこう。

石川舜台は、一八四二（天保十三）年十月、金沢市永順寺に同寺住職順誓の二男として生まれ、九歳で兄を、十五歳で父を亡くした。一八六二（文久二）年に上洛して高倉学寮に入って約五年間修学したが、禁門の変で京都が焼き払われた後に一時帰郷した。一八六九（明治二）年に郷里金沢で慎憲塾を開いて後進の育成に努め、そこから門下生として笠原研寿・谷了然・北方心泉らを輩出している。

一八七一年十月に本山寺務所が開設されると、渥美契縁らとともに議事に任命され、旧家臣団勢力の抵抗に苦慮しつつも、槇村正直の支援を受け、その排除に成功した。翌七二年三月に改正掛に就任したが、半年後には法嗣大谷光瑩（現如、東本願寺二十二世）に随伴して欧州を視察し、米国を経て帰国した。帰国後の一八七三年八月、本山寺務役員の職制の制定に際して、改正掛兼議事翻訳局用掛に任ぜられた。以後、渥美契誠殴打事件で禁獄処分を受け寺務総長を辞する一八七八年一月まで、宗政の中心的役割を担った。この約四年半が石川舜台の第一次宗政時代とも言うべき時期である。

その後、石川舜台派と渥美契縁派とが激しい主導権争いを繰り広げ、大谷派宗政は停滞した。結局、一八八三年六月に井上馨の仲裁により枳穀邸同盟会が開催されて盟約が成立したが、借財償還と両堂再建という課題を抱えた宗政は渥美契縁の手に托されることとなった。宗政の一線から身を引いた石川舜台は、一八九〇年六月に還俗して衆議院議員選挙に立候補するも落選した。永順寺を長男の順誓に譲った石川は、僧籍復帰後の一八九二年に二男現順とともに富山県石動《いするぎ》（現在の小矢部市）の永順寺に入り同寺住職を継職した。

いったんは失脚した石川であったが、清澤満之らが教団改革を提唱し渥美宗政批判を展開すると、一八九七年二月に突如として参務に就任して宗政復帰を果たした。以後、再び寺務総長に就任するなどして宗政の実権を掌握したが、一九〇二年四月に財務問題が発覚すると、寺務総長辞任に追い込まれた。この約五年間が第二次宗政時代とも言うべき時期である。

一九〇三年三月、使途不明金（いわゆる「四十二万円紛失事件」）の明細が明白となり、石川は翌〇四年十一月に寺務総長に復職した。しかし、財務処理の不手際によって、すでに宗派内の信望は地に墜ちており、むなしく一九〇五年二月に職を退き、同年六月には除名処分に付せられた。一九二一（大正十）年一月前住職・平僧への復職が認められたが、一九二六年二月に大谷家の限定相続問題に関連して再び除名処分を受けた。不遇な晩年を送るなか、石川舜台は、一九三一（昭和六）年十二月三十一日に九十一歳の高齢で世を去った。

（3）第一次宗政期の事蹟

石川舜台は多数の著作を残しており、『石川舜台老師頌徳記念会趣意書』は四十二部、『加能真宗僧英伝』は九十七部の著書を掲出しているが、今日存在を確認できないものも多くある。なかでも、第一部解説で内容の一部を紹介した『本願寺宗政論』（一九二五年）は、石川の宗政に対する考え方を述べたものとして重要であり、この書は四巻が刊行されているようだが、現在その一部が研究機関に所蔵されているに過ぎない(2)。明治期の大谷派宗政に果たした石川舜台の役割はあまりに大きく、その事業の検証をするためにも、今後の関係資料の発掘と保存が望まれる。

前述のように、石川は一八七三年八月から一八七八年一月まで（第一次）、一八九七年二月から一九〇二年四月まで（第二次）の二期にわたって、大谷派宗政の主導的役割を果たした。多屋頼俊の「石川舜台と東本願寺」の整理に従えば、第一次宗政期の主な事業は、おおよそ以下の十一項目となろう(3)。

①**寺務所の改革**　一八七三年八月、欧米視察から帰朝した光瑩が、総裁職に就任して本山寺務役員の職制を制定した。このとき、石川舜台は改正掛兼議事翻訳局用掛に就任している。

②**学寮の改革**　一八七三年八月、学寮を総務職の直轄とし、講師・嗣講等の学階名称を一等学師・二等学師等に変更した。

③**翻訳局の設置**　一八七三年八月、局長に成島柳北を、局員に國井忠雄らを任命して、翻訳局が新設された。石川が本局の統括責任者であり、新設にあたって、サンスクリット語理解が仏教学研究に必要であるとの石川の意向が働いたと考えられる(4)。

④**編集局を設置**　一八七五年七月に翻訳局が訳文局と改称して貫練場（一八七三年八月高倉大学寮を改称）内に移され、同時に編集局が併設された。局長に石川が就任し、樋口龍温・南條神興らにより僧侶養成のためのテキストが多数編集刊行された。また小栗栖香頂が漢文『真宗教旨』を著すなど、アジア文書伝道に向けた刊行物も作成された。

⑤**教育制度の確立**　一八七五年七月、貫練場の外に大・中・小の三教校を設置し、さらに育英・教師の二教校を開設して派内教育制度を体系的に確立した(5)。

⑥**大教院分離運動**　欧米視察中に本願寺派の島地黙雷と交流のあった石川は、帰国後に島地の分離運動に同調し、一八七五年二月に真宗四派の大教院からの分離を実現させた。

⑦**地方機構の整備**　本山と末寺をつなぐ機関として、一八七三年に東京寺務出張所を開設したのを皮切りに、大阪・金沢・博多・広島・名古屋・仙台・北海道に寺務出張所を置いた。石川は、一八七五年に金沢寺務出張所が新設された際に所長に就任している。

⑧**国内布教**　一八七六年に薩摩・琉球布教、一八七七年に隠岐布教に着手した。

⑨**海外布教**　一八七六年に谷了然・小栗栖香頂らを中国に派遣して上海別院を開設し、一八七七年に奥村圓心を朝鮮に派遣して釜山布教所を設置した。

⑩**見真大師号の宣下**　一八七六年十一月二十八日付で宗祖親鸞に「見真大師」が宣下された。

⑪**海外留学生派遣**　一八七六年に南條文雄と笠原研寿を英国に留学させた。

上記のなかには、石川がどれだけ関与していたかが明確でない事業もあるが、③④⑨⑪などの先進的事業が石川中心に推進されたことは間違いないであろう。

（4）第二次宗政期の事蹟

第二次宗政期（一八九七年二月～一九〇二年四月）に関しては、多屋頼俊の整理のほか、石川自身が「四十二万円不明事件弁明」に取り組んだ事業として挙げた項目を参考に掲出すると、以下のものがある。(6)

①**台湾布教**　一八九七年六月台湾寺務出張所を開設し、翌年二月に和田圓什が台湾寺務出張所長として赴任し、同行した本多文雄が台南、廣岡荷織が凰山、加藤廣海が台北で布教に着手した。(7)

②**中国布教**　一八九八年七月厦門《アモイ》布教所を設置し、翌月に法主の一族である連枝の大谷勝信（慧日院）・大谷瑩誠（能浄院）を中国・台湾視察に派遣した。その後、漳州・泉州・杭州・南京などに布教拠点を築き、南清地方に教線を拡大した。一九〇〇年には大谷瑩誠を台湾兼清国両広主教に任じ、台湾・南清布教の統轄責任者とした。(8)

③**朝鮮布教**　すでに一八九五年に釜山別院京城支院を京城別院に改め別院建設敷地を購入していたが、一八九八年六月京城輪番に着任した福田硯寿は、韓廷に対して別院を建設して韓帝と皇太子の霊牌を奉安したいと申し出て、李王室より院建設補助金三千円の交付を受けた。同年には光州で奥村五百子らにより実業学校が開設さ

れた。また一九九九年に仁川支院の上棟遷座式を行い、翌年仁川別院に改めた。[9]

④西蔵探検派遣　一八九八年に能海寛・寺本婉雅を西蔵探検に派遣した。両名は八月に巴塘に到着したが、それ以上進めず、別行動をとることとなり、能海は一九〇一年に雲南大理で消息を絶ち、寺本はのちに喇嘛《ラマ》教貫主に従って入蔵を果たした。

⑤国内布教　一八九七年十二月に北海道布教拡張のため説教場在勤者四十名を募集し、一八九九年五月に奥村圓心を派遣して千島・色丹布教に着手した。また同年七月には軍隊布教を開始した。

⑥真宗大学の東京移転・真宗中学の整備　東京巣鴨に用地を購入し、校舎を新築して真宗大学を移転した。学長に清澤満之を任命し、一九〇一年に開校式を挙げた。また一八九九年には全国の真宗中学を京都と東京の二校に統合し、その施設設備の充実を図った。[10]

⑦新法主三連枝の脱走　一八九八年八月二十三日、石川舜台は琵琶湖畔膳所《ぜぜ》の阪本楼で、嗣法大谷光演（彰如、のち東本願寺二十三世）・大谷瑩亮（浄暁院、二十二世大谷光瑩の三男）・大谷勝信（慧日院、二十一世大谷光勝の九男）・大谷瑩誠（能浄院、大谷光瑩の二男）の四名と密議し、いわゆる「新法主三連枝の脱走」を企てた。同夜のうちに、光演と浄暁とは上京して東京で修学することとなり、勝信と瑩誠とは長崎を経て上海へと渡り、勝信は北京に赴き、瑩誠は南清・台湾地方を視察した。[11]

⑧三連枝の外遊　一九〇一年に瑩誠をイギリス、瑩亮をドイツ、勝信をアメリカに留学させた。

⑨巣鴨教誨師事件・公認教・宗教法反対運動　一八九八年九月に巣鴨教誨師事件が起こると、翌月に石川は仏教を公認教とすべき論説を『宗報』に発表した。同時に大谷派僧侶を中心として仏教徒国民同盟会（一八九九年五月に大日本仏教徒同盟会と改称）が組織され、一八九九年五月には公認教制度期成同盟会も結成された。続い

て起こった宗教法案問題では、仏教各宗派を糾合して反対運動を展開し、翌年二月に貴族院で法案否決に追い込んだ[12]。

⑩仏骨奉迎使節の派遣　一八九八年にインドのネパール国境付近で発見された仏骨が暹羅《シャム》王室より日本に分与されることとなり、奉迎正使大谷光演らが現地に赴いた。その後、仏骨を安置する場所をめぐって紛糾し、結局名古屋に日暹寺が建築されて落ち着いた。石川は、東京に奉安殿を建設して各宗派の宗務所を設けて文化的施設を併設し、各宗派の連携を強化する場としたいという構想を懐いていたとされる[13]。

⑪喇嘛教貫主招待　石川は、一九七六年に中国布教に着手した当初から、キリスト教防禦のため喇嘛教との提携を構想していたが[14]、一九〇一年七月に雍和宮の貫主阿嘉呼図克図を中心とする八名の喇嘛僧代表を招待した。

（5）石川宗政と史料の検討

石川舜台は学術面や海外布教などで卓越した手腕を発揮して多大な業績を残した。しかし、財政的な裏付けを欠いたまま事業を拡大させたため、いずれも莫大な借財をつくり失脚した。金銭に無頓着な石川の豪放なエピソードは尽きないが、収録した史料（5）でも、「金といふものは石も炭も同じことじやと思つてゐる、あればあるで必要だが、なければなくて仕方はない」と語っている。また教団内に激しい内部対立を抱えていたにもかかわらず、教団内の合意形成に努力を払うところがなかった。着手困難な大事業を実行に移すために石川のとった手法とは、法主・連枝の権威の利用と政府要人との政治的連携であった。

一八七二（明治五）年の法嗣大谷光瑩の洋行の際のことは、本書収録の史料（1）から（4）の「光瑩伯の思出」に詳しい。ちなみに、この回想録は、光瑩が没した一九二三（大正十二）年二月六日の四日後から連載がはじまっている。石川は「新法主の脱走」という手法を第二次宗政の際にも使った。先に記した一八九八年の「新法主三連枝の脱走」が、それである。この後、台湾・南清の視察を終えた連枝を台湾・南清の布教責任者に任命するなど、法主・連枝の権威に依拠した手法で事業推進を図った。

アジア布教では、アジア侵略をもくろむ政府要人と手を結んだ。第一次宗政に際しては、大久保利通・寺島宗則らの意を受けてアジア布教に着手した。政府要人を通じて現地領事らの支援を受け、海外進出の出先機関としての拠点を築くとともに、親日人脈の育成にも努めた[15]。第一次宗政での事業は、大谷派の財政難と国際状況の変化のためにいったん水泡に帰したが、第二次宗政の際にも、台湾総督府の支援を受けて台湾・南清地方への布教を積極的に展開した。総督府民政長官の後藤新平との密接な関係から、福建省への軍事侵攻を目指した厦門事件にも加担した[16]。内に向けてはキリスト教への脅威を煽りつつ、政治要人と手を結んでアジア布教で成果をあげるという路線は、石川宗政に一貫したものであった。巣鴨教誨師事件から仏教公認教・宗教法反対運動を強力に推進したことも、この路線と表裏一体の関係にあったと考えるべきであろう[17]。

石川は日本に止まらず、韓廷・清国皇帝とも密接な関係を築こうとした。これに関する裏話が、史料（5）から（8）で語られている。ちなみに、見真大師号の宣下が清国皇帝と大谷派連枝の娘との婚姻を画策した「御褒美」であったというエピソードには、史料（9）で本願寺派の上原芳太郎が反論している。真偽の程は定かでない。しかし『厳如上人御一代記』によれば、一八七六（明治九）年十一月二十八日に大師号の宣下があり、これに先立つ十月二十二日に石川舜台は東上し、十一月十五日に帰洛している。さらに四日後の十一月二十日に「法主殿、御召ニ付東上」と記されている[18]。大師号宣下に関して、大谷派と三条実美との間で何らかの下交渉があった事は十分に考えられる。一方、本願寺派の大谷光尊（明如）は宣下のあった日に北国巡化の最中であった。上原がのちに編纂に関わった『明如上人伝』にも、宣下後のことが淡々と記されているに過ぎず、宣下に至った事情はまったく記されていない(19)。こうした事情から推察するに、石川の「西の奴は何も知らぬ」という発言は首肯できる点がある。その半年後の一八七七年四月二十五日、真宗五派管長分離により、派名をそれぞれ「真宗本願寺派」「真宗東派」と称することとなった（一八八一年六月二十五日「浄土真宗本願寺派」「真宗大谷派」と改称(20)）。これには本願寺派側の下工作があったと考えられ、この頃、両派が政府からの優遇をめぐって、水面下で激しいつばぜり合いを行っていたと考えられる。

概して、政府要人と連携して対外的施策を積極的に展開した石川宗政期に両派の関係は悪化し、反対に大谷派が財政再建に奔走した渥美契縁の宗政期には関係が友好的であった。石川だけが原因ではないのであろうが、石川の第一次宗政期を通じて両派の関係は悪化し、一八八二年の山科蓮如墳墓の地の紛争解決を経て良好な関係に向かった。石川が失脚したのちの八九年、本願寺派の執行長大洲鉄然は、門末に向けて大谷派との協同親密に努めるよう訓告を発している(21)。ところが、石川が宗政復帰を果たした第二次宗政期に、本願寺派は石川の主導する公認教運動から離脱するなど、両派の関係が再び悪化している。その後、石川が再び失脚すると、両派の関係は改善に向かい、一九〇五年頃には両派の親密ぶりが当時の新聞雑誌にも報じられる程であった(22)。

石川が本願寺派に特段の敵愾心を懐いていたわけではなかったようである。石川は、一九二三年には両本願寺の合一の必要性を訴え、その前提として、まず両派の大学（龍谷大学と大谷大学）の合併を提言している(23)。しかし、石川宗政期の両派の関係悪化は、石川の政治的かつ強引な宗政手法によるところが大きく、そのため内外に多くの敵をつくり、晩年の石川の不遇にもつながったと言えよう。

（6）石川舜台の面影

石川が一八八二（明治十五）年当時、在家信者を巻き込んだ公選議会（総会議）の設立運動に加わったことに第一部でふれた。石川は在家信者に対しては、どのような考えを持っていたのであろうか。これに関して『本願寺宗政論』には次のように述べられている。

今の僧侶は、屈指の英物幾人かを除けば、余は見せ物師の如く、講談師の如く、更に下れば乞丐の如し、是等僧侶を以て教化の任務に置くは、政府のする所甚疑ふべし、政府は、かゝる無恥無慚の僧侶を以て、民衆を教化し得べしとするか、或は宗教の教化は、度外視し厄介物視して、棄てゝかへりみないのか、民衆に親しむの広く深いのは僧侶の下級者である、下級者は、僧侶の大部分である、是等に対して、施設する所のないは、放漫であるまいか、是大部分、僧侶の大多数が、卑猥不誠実の言動を以て、民衆に浸潤すると、篤実剛健の気風を以て、民衆の習慣を造ると、孰れが国家の利益であるかは、言ふをまたずして利害は明白である(24)

ここで石川は、一般民衆に親しく接するものを「僧侶の下級者」と位置づけ、僧侶の特権階級としての立場を強調している。真宗僧侶として似つかわしくない発言であるが、これを見ても、公選議会（総会議）の設立運動が政敵を追い落とす手段であったとみなした当時の報道は、少なくとも石川に限っては的を射たものと言えるだろう(25)。

石川は、宗教者・真宗者というよりも、事業家・政治家として面影を強く残した人物と言えるであろう。自身も還俗して政界進出を目指した時期があり、また真偽の程は定かではないが、大臣就任の要請があり、総理大臣なら引き受けると答えたことがあったという(26)。石川が目指したのは、「黒衣の宰相」の如き存在であったのかもしれない。

最後に一九〇九年発行の雑誌『新仏教』掲載された「大谷派の人物」の一部を引用しておこう。石川舜台の評価として、きわめて的確なように思えてならない。

石川は篠原順明、渥美契縁と並んで、大派の三傑と言はれたものだ、而かし此の中でも矢張り石川は第一傑で、篠原は第二傑、渥美は第三傑だったと拙者は思ふ。（中略）石川が今後十年健在であつたら、必ず何かやり出すだらう。而かし彼の思想は中世紀式である、その不成功に終ることは予言しておく(27)。

註

（1）「石川老師の略事蹟と著書」の冒頭に「南條博士（懐旧録より）」と記されている。一方、南條文雄の『懐旧録』は病床での南條の口述をもとに一九二七年に大雄閣から刊行されたが、本書に「石川老師の略事蹟と著書」に記された内容は収録されていない。また③の『傑僧石川舜台言行録』にも南條文雄の「石川舜台翁を語る」という一文が収録されており、その末尾に「南條文雄懐旧録」と記されているが、そこでも前記二書と違った内容が記されている。

（2）『本願寺宗政論』は、第一巻が大谷大学図書館と愛媛大学図書館に所蔵されており、第四巻を国立国会図書館デジタルコレクションで閲覧することができる。しかし、第二巻・第三巻については、所蔵している機関を確認できず未見である。

（3）掲出項目中、特に注記を付していないものは、多屋頼俊「石川舜台と東本願寺」（『講座近代仏教』第Ⅱ巻所収

〈法藏館、一九六一年〉）、本書第一部収録の「明治維新以後に於ける大谷派宗政の変遷」、真宗教学研究所編『近代大谷派年表』（東本願寺出版部、一九七七年）の記載に拠った。

（4）翻訳局に関しては、潟岡孝昭「明治初年に於ける東本願寺翻訳局」（『私立大学図書館協会会報』三六、一九六二年）に詳しい。

（5）教育制度の内容に関しては、水谷寿「明治初期に於ける大谷派の学事史」（『大谷学報』第九巻第三号、一九二八年三月）に詳しい。

（6）註（3）に同じ。

（7）（8）中西直樹著『植民地台湾と日本仏教』（三人社、二〇一六年）参照。

（9）中西直樹著『植民地朝鮮と日本仏教』（三人社、二〇一三年）参照。

（10）『大谷中高等学校百年史』（大谷中・高等学校、一九七四年）参照。

（11）鹿野久恒編『傑僧石川舜台言行録』一三五～一三六頁（仏教文化協会、一九五一年）。

（12）巣鴨教誨師事件の経過をまとめたものとして、安藤正純編『巣鴨監獄教誨師紛擾顚末』（社会評論社、一八九八年）があり、事件について論じたものに吉田久一著「巣鴨教誨師事件」（宮崎円遵還暦記念会編『真宗史の研究』〈永田文昌堂、一九六六年〉）がある。公認教運動については、赤松徹眞著「仏教公認運動の論理と状況」（千葉乗隆博士還暦記念会編『日本の社会と宗教』〈同朋舎、一九八一年〉）を参照。

（13）前掲『傑僧石川舜台言行録』一四五～一四八頁。

（14）前掲『傑僧石川舜台言行録』一三三頁、『東本願寺上海開教六十年史』資料編、二七五～二七六頁（東本願寺上海別院、一九三七年。中西直樹ほか編『仏教植民地布教史資料集成〈満州・諸地域編〉』第二巻収録〈三人社、二〇一六年〉）。

（15）前掲『植民地朝鮮と日本仏教』を参照。

（16）（17）前掲『植民地台湾と日本仏教』を参照。

（18）『厳如上人御一代記』Ⅱ、二九四～二九五頁（真宗学事資料叢書八、大谷大学真宗総合研究所、一九九四年）。

（19）明如上人伝記編纂所編纂『明如上人伝』三七六～三八九頁（明如上人廿五回忌臨時法要事務所、一九二七年）。

(20)『厳如上人御一代記』Ⅲ、五頁（真宗学事資料叢書九、大谷大学真宗総合研究所、一九九七年）。

(21)一八八九年三月二十八日付『明教新誌』、『婦人教会雑誌』一五号（一八九九年四月）。このことは、中西直樹「近代仏教青年会の興起とその実情」（中西直樹・近藤俊太郎編『令知会と明治仏教』〈不二出版、二〇一七年〉）でも論じた。

(22)「両本願寺提携」（一九〇五年六月三十日付『萬朝報』）、「合同論提議（両本願寺提携にて）」富谷旭霑（『日宗新報』第九二九号、一九〇五年七月二十一日）など。

(23)「先づ大学から合併して両本願寺を一つにせよ」石川舜台翁述（一九二三年四月二十九日・五月一日付『中外日報』）。この後、龍谷大学と大谷大学の合併論は大きく展開することになるが、これについては別に論じてみたい。

(24)石川舜台著『本願寺宗政論』（四）（一九一五年）。

(25)千装近次郎著『東本願寺御騒動記』（秋山堂書舗、一八八二年）。

(26)「石川老師の略事蹟と著書」（『石川舜台老師頌徳記念会趣意書』一九四〇年）、前掲『傑僧石川舜台言行録』一四八頁。

(27)「大谷派の人物」無間仏（『新仏教』一〇巻九～一一号、一九〇九年九月～一一月）。

（付記）　本書編集の途中で、『報知新聞』の記者であった佐瀬得三（号酔梅）の著書『名流面影』（春陽堂、一九〇〇年）のなかに、石川舜台の第二次宗政の内情を暴露した記述があるのを発見した。同書には、教団改革派（白川党）が、①議制局（僧侶会議）の開設、②門末会議（信徒会議）の開設、③真宗大学の東京設置の三条件をつけて石川舜台の宗政復帰に協力したことなど、たいへん興味深い内容が記されている。

第二部　史　料

(1) 光瑩伯の思出

石川舜台翁談

○老伯が逝かれた惜しいことをしたナ、そうだ俺が老伯を知つたのは随分と久しいものだ、左様、老伯の一代の大事業は先づあの洋行だ、当時日本から外国に行くなど、云ふことは何と言ふても非常な大事業だ、そうして大問題だ、そうして老伯がそれを断行されたといふのは老伯に依つて本願寺の一大一新紀画期を成したものだ。

◎自体東本願寺は明治匆々二つの革命をなした、一つは等伯の父君が彼明治維新に際してよくその地歩とを保有し、一つはこの老伯の洋行に依つてなされたともいふべきである、とにかく老伯のこの大業はよく老伯の性格を現はしてゐる、その困難に打ち克つ処は老伯を中心にした本願寺にそれが経営され今日の盛大にまでなしたことに窺はれるのだ、何しても明治匆々は年収を他に誇らんために県令に報告する、それが三万円といはれたのだ、が事実にはその半分の一万五千円位だつた。それが経済的にも今日の発展振りを老伯を背景として考へると実に老伯の苦心も察せられるのだ。

○そうだ、老伯の性格に就いて随分と世間は誤解して居るやうだ。嘗てこの事に就いて福澤諭吉翁まで老伯の性格に就いて誤解して俺に「老伯の此の頃のやうに無茶な寧ろ淫蕩的な生活に宗教界否日本国上流の風紀を紊る、どうした事か」と詰つたことがあつた。

◎その時俺が福澤翁にも老伯に就いていつた、自体世間では老伯はこの私交上に非常に誤解をされて居る、例の閨門のことなども実はそれ程のことはなかつたのだ。要は老伯はその方面にお上手でなかつた為め偶々少しばかりのことが大そうに世間に伝へられたゞけのことだなのだ。

◎老伯の性格は決して左様いふものではない、あの洋行した時でもそうだ老伯二十歳の秋で而かもその夏は老伯の恋女房ともいふべき夫人と新婚早々だつた。老伯とことを計つた俺もこの事情を知つて随分と心配したが、老伯は寧ろそれを省みず当時の教部省の横暴を悪んでこれに一大改革をなす基礎を作る可く外国遊学が重大なることなりといふもとに、全然四方八方秘密裡によくあの大任を全ふしたゞけでも推し得られやうと福澤翁に当時の老伯の決断を話したが流石福澤翁も感心したつけ。

○そうじア面白かつたな、洋行する時老伯は「藤原光永」俺が石川県の者だから「石川倫弘」といふ名でやつた、たしか当時の外務卿副島がつけてくれた名であつた、さう俺が姓を石川と名乗るのもこの洋行が記念だ。

（大正十二年二月十日付『中外日報』）

（2）光瑩伯の思出（承前）（洋行の時）

石川舜台翁談

○明治五年の七月十五日だつた老伯が急に夜中に俺に出てこいといふので何事が起つたのかと思つて出掛けると老伯は提灯を提げて待つてゐた、俺が行くと「サア石川、この政府の暴状を如何にするのが良いか」といふやうなお話だ、俺は一寸考へて「左様、これを改革するにはたゞ一つ方法がある、しかしこれは決して行はれぬことでせう」と申し上げた、すると伯は何に、その方法がある?、有つたら俺に話せ——と追求甚だ急だ「それでは申し上げますが何にしてもこの現状打開の方法としては世界的の智識を得て政府以上の智識を吾々が得る為に欧州に実際行つて視察して来なくては駄目です」と申し上げたら、伯は手を拍つて「そうだ、そうだ、私も実はさう考へてゐたのだ!」といふやうな話で洋行はいよ〳〵この時の話で決つたのだ。

◎サアそうなると第一困るのが先き立つ処の旅費のことだ、相談相手のことだ、何にしても二ケ月程前に新婚された伯がそれをふり切つて厳秘を守つて行くことさへも何か心配の種となつたのだが、とにかくそんな苦心もやうやく外務卿の副島や江藤新平やなどゝいふ外務省や主務官庁の秘密厳守のもとに出来たのだが、金の調達には仲仲苦心惨憺だつたナ、何んでも七月に洋行の話があつて九月十三日に出帆するといふのに其の金談が九月になつても出来ぬといふ訳だ。

◎一方当時の新聞界の権威成島柳北が一切前にいつた官庁方面の準備をしてくれるのが着々進む、進まないのは金ばかりだ。それで伯も非常に心配されて居たがたしか九月になつてからだ俺は三条公の処へ伯のお供をして、実は密かかに洋行するのだが金がないから借してくれと相談したら、三条公は「俺に金の相談をするのは非道い、俺には一文もないのだ、しかしまて、俺れがその調達の為め大蔵省に金を借せといふやうな話にさして上げやう」つてんで俺達は帰つたがその翌日だつたか当時の大蔵卿として大隈がゐたと思ふ、ソ奴を訪ふて金を借せといつたら「ウン借さう、しかし証文を書け」といふ、よろしい書かうといふので書いて先方は誰れの名宛にすれば良いかときいたら、待て今その貸し主をよぶからといふのでそこへ顔を出したのは小野組の大将だつた。

○ウンの一諾でとにかく大蔵卿が金の仲介人となつて一万五千円だけ問題の金が出来た、面白いではないか、大蔵卿の仲人とは、先づ金は出来た、しかし何かコウそれだけでは一行五人もあるのにはまだ淋しいので、その他から多少あつめてやうやく金を得た、まアこれが第一で洋行するまでには何しろ秘密でやる仕事だから随分とお猿の芝居のやうな事を続出したもんだつた。

（大正十二年二月十一日付『中外日報』）

（3）光瑩伯の思出（承前）（洋行の時）（二）

石川舜台翁談

○とにかくかやうにして一万五千円の金は小野組より得た、それでは心細しとあつてその他は紀州侯や有馬侯等にも御借りして金銭やゝ充実した訳だ。そこでその間に例の信徒や本山やその他の御親類方に対して書いた書き置きのことだ、これが恐ろしい沢山あつたので俺れと成島が両人で分担して書いたものだ成島も随分いそがしかつたらう。そんなことをしたり諸官庁の交渉に当つたり、サア洋行だといふのでまさか和服ともゆかない洋服を作らせる、それをチヤンと用意するなど丶いふそれがまた例のすべて厳秘々々でやることだからな。

◎いよ〳〵用意がこれで出来たとなつて、さあ当の老伯が家から出て行くことが恐ろしく困難な話だ、何んでも船が横浜を出るといふ前日だ、今夜は詩会があるからといふので出掛けることになつたがさてどこまでも厳秘といふ条件だ、而かも誰れかお供をさせなければ出られないのだ、しかも下手をやるとこのドタン場で曝露するおそれがある。で、誰れをお供にしやうといふので真面目な男でおとなしい男だといふのでお附の浅野翫斎がよからうとヒソ〳〵俺れと相談して決めた。

○そこで詩会のあるといふ三条侯の御邸へお供したのだが、その日の昼頃だつたらう流石に老伯も心がヒカされたものと見え老伯の乳母で老伯が非常に幼時から懐いて居た女がお勝手もとでアチラ向きになつてしきりに洗濯して居た、その後ろ姿を見た老伯は勝手もとからツカ〳〵と進み、その乳母やの背後から「乳母やどうぞ壮健で居てくれ――の」と仰言つた、すると乳母はハタト後に声がするので驚いてふり向くと老伯が起つて居られる、驚いて「マアこんな汚い所へ御出になるものでは――なんかといつたつけが、老伯も流石にこういふ大きな決心を漸く決行する前何か淋しいやうな勇ましいやうな誰れにもある心がしきりに沸いたと見える。

◎そこでとにかく三条侯にお伺いして時間を相当とられてこんどは急に外に詩会があるからといふので直ちに本邸へ帰らず浅野を伴れて出掛けた、出掛けたところがお供の浅野には意外の品川駅だ、浅野はその時分何かこう変に思つて居たらう妙な顔をして居つた。その頃か?、その頃はもう品川と横浜に汽車が通じて居たのだ、そこで汽車に乗つて横浜に行つた、そうして例の高島嘉右衛門の家へ行つたのだ、そこでその日は落ちついて他の松本とか成島とか関信三の一行を待つことになつた。

○そこには依然としてお供の浅野には何が何やら判らぬ老伯等の所作と思つて居るに過ぎなかつたのだ、何しても浅野には不審だらけだつたらう。俺れが本邸に行つたり老伯が親ら種々な身辺のものをそろへるのだからナ――。それがまた急にこんな横浜くんだりに来たんだからサ。

（大正十二年二月十三日付『中外日報』）

（4）光瑩伯の思出（承前）（洋行の時）（三）

石川舜台翁談

○お附の浅野がマゴ〳〵して居る内に一行は皆揃つたので直に乗船した――これまでになつてもまだ浅野にその洋行を談なかつた――が、いよ〳〵船に乗つたのでそこへ手廻よく成島のために用意された一行五人の洋服箱がならべられたので一同サツサと服を附けて了ふた、チアーンと洋服を着けてから老伯はいよ〳〵不審な眼でこれまでこの一行の態度を見て居た浅野に「この脱ぎ捨ての衣服其他一切をお前に上げる」と仰言つたこれを聞いた浅野にはいよ〳〵益々何が何やら丸るきり判らなくなつた、そりアさうだらう今頃であつたならすぐそれまでにこれア洋行でもするナ位はとうに気附くであらうが当時の日本人では洋行する人も五指を屈するに足らず、どう云ふ風で洋行するのか見たこともない頃だ、浅野が丸るでこれまでになつても感づかないのも無理はない。

◎そこで老伯は始めて不審な顔をしてゐる浅野に対つて「実は私共は洋行するのだ、あとをたのむゾと打ち明けられた、これを聞いた浅野の顔はヘシマゲたやうな形になつたかと思ふとワアツと甲板に泣き伏して了つた。しばらくするとどうぞ中止してくれと強請んだが、そんなことで中止すべくもないので今度はどうしても一行中に入れてくれと泣きながらたのんで居つたが何しても金も充分じやない、そうして又吾々が洋行したことを本邸の方へ知らせもしたいので早速帰つてさう云へとさとしたので流石の浅野も船の出てゆく時間がそうこうする内に迫つて来たので涙で袂れた、こんな愁嘆場が最後でいよ〳〵洋行への初旅は切つた。

○船の中か、左様、船中は用もないのと誰れも語学が一向駄目と来て居るので成島などが先生で早速英語の会話の俄か稽古だ、だがこれも一向実用にはならなかつたナ、当の先生たる成島は何しても当時日本に於ける英語の大先生だつた、例の尺振八、福澤諭吉等と並び称せられた英学校なども経営した男だが、その達人の英語サツパリで英人等に話してもチンプン、カンプンまるで用をなさずといふ次第サ、それが而かも仏国に行つてからは相手が仏語国人だ、なほさら判らなくなつてそれはそれは珍妙な具合だつた。

◎洋行の土地は左様すべて欧州各国を視察したものだつた、それがすべて仏国を中心にして行つたり来たりしたのだ、尤も仏国を本城として各国に行つては帰つたといふのは、当時の仏国はすべて日本の範としたこと、左様に仏国は盛んなものであつたからだ。

○左様、語学の未熟な連中ばかりだ、滑稽も滑稽悲惨な話があると共にどうも閉口したことが多かつた嗤。

（大正十二年二月十五日付『中外日報』）

（5）明治仏教秘史①

露西亜布教の手先きに西蔵蒙古の仏教を使ひ
支那王室を乗りとる算段——今一息で夢瓦解

見真大師号下賜の秘史（上）

石川舜台翁追懐録

一、わしの節操

わしには一つの頑固な処がある、大谷派の坊主とならねばよかつただらうが、大谷派の坊主になつたからには、どこまでもそれを通すといふ考であつた、そして今もありつゝあるのじや。——わしが派外のことに乗り出さぬといふ話のあるのはそれじや。

二、金といふもの

イヤ、いろ〳〵の事をいふ奴が昔から沢山あつたが、わしのやつたことはそれはいらぬ所へ金を使つたからじや。しかしそれは仕ぞこなつたから仕方がないじや。具合ようゆけば、それが皆役に立つたのじや。——一体、金といふものは石も炭も同じことじやと思つてゐる、あればあるで必要だが、なければなくて仕方はない、だから斯ういふことで金が溜るといふことはないもんじや。フツフツフツフ………。

三、本山の娘さんを支那の皇后様に

それから準連枝といふ話も別にやる。支那では、わしはかうするつもりであつた。本山の娘さんを先方の皇后様にしやうとした。娘さんは、たしか今の金沢の専光寺へ行つとる娘さんじやつたと思ふが、しつかり覚えない。………わしは一時本山の身代を大きくするつもりで――どうも大きくならんじやな、どうしてみても――それをするに婚姻政策から始めてやらうとした。そこであのひとを伏見の宮さんの姫さんにして先方へやらうとした、大分うまく行つたんじやが、惜しいことをした。

あの北京の雍和宮がある。それがもと清朝の世宗（五代目の皇帝で西紀一七二三即位）の居つたところだ、それを寺にしたんじやが、そこへ西蔵の法王の代理といふか――、代理でもないじや、矢ツ張り法王の副のやうなものじや――チヤンチヤフツコツといふが、其処に居たんじた、そのチヤンチヤフツコツを先づ取り入れてかゝるつもりだつた。

それは清朝には大変勢力あるもんじやつた。それでそれと真宗とが提携して支那へ宗教を弘めるといふ、斯ういふ事を謀つた。それは、さういふ事を謀つた原因がある、それから話さんと何のためにさういふ事をしたかはつきりと解らんのじや。

（大正十二年三月二十一日付『中外日報』）

（6）明治仏教秘史②

露西亜布教の手先きに西蔵蒙古の仏教を使ひ
支那王室を乗りとる算段――今一息で夢瓦解

石川舜台翁追懐録

見真大師号下賜の秘史（中）

四、露西亜布教の準備のためラマ教と連盟

その元といふのは、洋行から帰つて来たのが明治七年じや、洋行から帰つて来たが、それに大変世話になつたの人が三条さんじや。江藤新平は大変世話をして呉れたのがそれが、それどころじやない、内閣の騒動で退いて了つた、それがゐてくれたら未だ〳〵うまいこと行つたんじやつた。

　そこで江藤新平の代りに大久保利通を話し込んで、これから先は、日本にばかりゐると、外教が入るばかりじや、それでこれは攻めるを以て防禦せねばならぬ。その手始めは露西亜からする、露西亜が一番いかん、これは隣国じや、これはギリシア教のお祭りをするあんばいといふものは誠に仏教によく似てをる、で、まあ、チヨコ、七条みたような袈裟をかけるじやナ、それにお勤めをする具合といふものが、そりや言語道断具合がええ、それで宗教の形となつてゐる。それでその法王が先方の皇帝じや、これは最も恐るべきものである。

　で、これからやらんならん。それからローマ教じや、そのローマ教の事は遠方でこれは後でよろしい、それで急にやらんならんのは露西亜の方じや。それで丁度やらんならんが、やれる具合になつてゐる、やれる具合といふと蒙古が皆、仏教じや、それから西の方へゆくと皆、西蔵仏教じや。蒙古にも半分以上は矢張り西蔵仏教じや、それ

で西蔵仏教と連合して露西亜へ布教に出掛ける、それで、その、今の雍和宮のチヤンチヤフツコツと連盟せんといけん、そこで、それに行つた奴が小栗栖香頂と谷了然とをやつた――そこでラマ教が真言と同じじや、そこで小栗栖は真言を知つとる奴で随分大きい事を考へてゐる奴じた。さうしたら功いこと行つた。大変具合がよう行つた。

（大正十二年三月二十二日付『中外日報』）

（7）明治仏教秘史③

露西亜布教の手先きに西蔵蒙古の仏教を使ひ支那王室を乗りとる算段――今一息で夢瓦解

見真大師号下賜の秘史（下）

石川舜台翁追懐録

五、小栗栖が支那で寺を貰ふ

わしはそれまでいはんだつたが、先方で寺を貰うた、その寺が皇覚寺とかいつた、そんなやうな寺号じやつた、それを貰うて了ふ約束まででした、それは小栗栖がしたこと、それからわしのいふたことは、連盟の契約が出来たならすぐ学校を拵へんならん、北京でその学校には支那人も入れる、日本人も入れる、そして布教僧を養成する、先づ語学から巧く行かんならんが――その時生徒にやつた奴に、今生きてゐるだらう飛驒の――一寸忘れた、それと、菊池秀言、それは生きてゐる筈じや、それから、死んだけれど、北方蒙などは生徒になつて行つたんじや、さうして北京で学校まで造りかけたんじや、それはラマ教と連盟する形で行つた。村上専精やなぞもその時生徒にして派遣する考でやつたと思ふ。

それで、支那の王室と懇意にならねばいかんといふので、丁度王様が妻君がなかつたから、そこへ本山の娘を、伏見宮さんの御養女にしてやるといふことじやつた。これは政府の当局者は大喜びだつたじや。そこで、その御褒美だつたのじや、あの大師号は。

六、願はざるに御褒美の大師号

大師号は、願ひも何もせんじやつたんじや。そこで御下賜になると、西派の奴は何も知らんじやつた、そこで三条さんが、わしを呼んで、何といふ名前がよいかと聞いた、それで直ぐ返事する解にはいかんといつて、一先づ引き取つて御門跡さんに相談したんじや。さうして、あの見真といふことにして願つたんじや。この時、西の奴は非常に驚ろいたんじや、それから西の奴は、わしを大変憎んださうじや――さて支那で寺を貰ふといふことをそりやよいことじや、といつて、本山に話をしたが、会計方がどうしても承知せぬ。何のあいつらの考へてゐることは、何の大したことも考へてゐない、ほんの僅かのことを考げてゐるじやナ、そこで学校の金も出しよらん頗る弱つた。そこで公使に小村寿太郎が行つてゐた。小村なんぞ、こちらのいふ通りにした、小村は又た優しい顔をしてゐる男じやつたが、随分太つ腹のことを考へてゐる男じや。さうしてそれでも仕方がない、もうわしの計画は皆こわれて了つたんじや、そんなことをやつてゐるうちに自分が辞職して了つた。

（大正十二年三月二十四日付『中外日報』）

（8）明治仏教秘史④

朝鮮へ幽霊退治に行く話

石川舜台翁追懐録

それから「準連枝」といふことは面白い話ぢや、あれは何年ぢやつたか、朝鮮の景福宮に幽霊が出るといふ、幽霊が出るので御祈禱をしたが相変らず出る、そこで朝鮮の坊主ではいかぬ、高僧といふたら日本の本願寺ぢや、本願寺さんに来て貰うて御祈禱して欲しいといふ話ぢや。

そいから法主にいふたら、法主はそんなことに行くことはいやじや、といはれた、そこで一遍ことわつたじや、法主は外国に行くといふことは今度、例を始めてせんならんから、今度ちよつと間に合はん、そこで法主に類したものがある、それでよけりややらう、一体幽霊退治のやうなものは、こちらでは大得意のものじや、それでやらう、といふてやつた。それは何といふものじや、それは連枝といふものじや。………それで受負ふて了ふたじや、それで連枝に話してみたが、誰も受負ふといはんじや、その頃は外国へ行くちうとえらいおつこうなことじやつた、そこで長浜のと八尾のと二人しか居らん、二人ながら弱い人じやからナアー。いやじやといふのも無理からんことじや、それから自分が行つて来うといふたんじやが、連枝をやるといふたから、先方へ出張中だけは連枝に準じたやうなものにしなさい、さうでなくては偽物が行つたやうになる、………ところが遂に行はれなんだじやハツハツ………。

わしが行つたら、幽霊を退治て了つてそれから其処を寺にしなさい、さうせんと又出るといふて寺にしなさいといふつもりぢやつた、そこで景福宮本願寺とするといふた………ところがそれを云ひ出すと一体何をし出すか知れんといふので、誰も賛成するものは居らんだつたハツハツ………。

（大正十二年三月二十五日付『中外日報』）

（9）明治仏教秘史を読んで

上原芳太郎

御紙上「明治仏教秘史」と題する石川翁の自叙伝？は実に面白く拝見して居ります、私は不幸、未だ謦咳に接しませぬが、翁の近来の活動振は我が教界の為に難有い事と窃かに感謝してゐます。

右秘史は秘史の実を挙ぐるか、但しは自叙伝として終るか跡を見ねば判りませぬが、去二十四日の「願はざるに御褒美の大師号」は聊か変に思はれます、この「見出」は翁の話が、記者達の勘違か、兎に角何の「御褒美」に賜号があつたのか説明がない、又「願はざるに」とは真実でせう乎。

翁の説に従へば明治上期の為政者は仏教を重視し自発的に宗祖の諡号を奉薦したことになり、又東西両山等に「御褒美」を戴く程の功労でも有つた様になりますが、果して左程の事実が有つたでせう乎又翁は其内詮議も手軽く無造作に恰も個人が雅号でも選定する場合の如く述べられて居る、事苟くも朝廷に関して甚だ畏多い次第であり、且宗祖や各寺を軽ぜらる様に誤解せしむる節が無いでもないこの点は翁の所謂「西の奴」のみならず「東の奴」とても恐くは同感かと思ひます。

私は今は亡くなられた故老の話を聞きました所では、賜号の動機は上下何れからせられたかは聞洩しましたが、其径路は東西両山の祖堂に勅額下賜の内議があつて、其文句は譬へば一方が「本願相応殿」といへば一方は「真実浄信殿」といひ、無論各寺各別の文句を選ぶのであるが、其文句の上に於ても東西嫡庶の意味で紛紜の結着を見なかつた為め時の宮内卿伊藤博文氏が非常に骨折られて一視同仁的各派に共通する大師号の降下を見たといふ話でした。右の話と石川翁の話とは全然趣を殊にしますが、私の推測では各其一を知つて二を知らなかつたのであるまい乎。

明治の大官も西の老僧も共に長州閥の時めける際（井上侯が東の財政整理に当つたはヅツと後のこと）東は三条、岩倉二大臣家と親しみ均衡を保つの観を呈した。されば右両家と東とは其時から姻戚関係さへ生れた。

されば賜号の詮議に際し東には三条系あり、西には伊藤系あり格別に打合が行はれたもので翁の所謂「西の奴は何も知らぬ」とは恐らくは翁の誤解であるまいか、これは私の推想です。

今は若い人の世の中ですが、我我老人とて五千万の一人です。黴臭い故事の穿鑿もまた太平の余沢として御笑艸迄に認めました。

（大正十二年三月二十七日付『中外日報』）

第三部　教団改革運動への胎動

第三部　解　説

真宗大谷派の教団近代化に向けた本格的な動きは、清澤満之らの教団改革運動にはじまるというのが一般的な見方である。しかし、それ以前の教団改革に向けた胎動については関係史料が少なく、取り上げた文献もほとんどない。

第三部では、不十分ながら、一八九〇（明治二十三）年から翌年にかけての教団改革運動に関する史料を収録し、その動向について若干の解説を加えることとする。

（1）改革趣意書の発表

第一部でも述べたように、大谷派の教団改革を求める僧俗の動きは、一八八二（明治十五）年に石川舜台派と渥美契縁派との対立の過程で広がりを見せた。当時は自由民権運動の高揚期であり、石川舜台派が自派勢力の拡大をねらって公選議会（総会議）の開設を請願し、門末に向けて檄文を発したことで大きな騒動に発展した。

しかし、その影響を重く見た岩倉具視・井上馨らの仲裁で、翌年六月に石川と渥美の和睦が成立すると、教団改革要求は自由民権運動とともに沈静化していった[1]。公選議会の開設も実現されず、わずかに一八八二年十一月に法主の諮問機関として待問所が設けられたに過ぎなかった。翌年八月に待問所は諮詢所となり、二十二名の特選賛衆で構成されたが、あくまで法主・寺務当局の諮問機関であり、広く門末からの建白等を議する権限は認められなかった[2]。その後、負債償還と両堂再建に向けては、一八八五年十一月の相続講設立趣意書の発表後、松方正義・北垣国道らの支援を受けて動き始めた[3]。しかし、講員と再建局との意見や石川舜台らの抵抗があり[4]、なお事業推進は困難を極めたようである。

そうしたなか、一八九〇年十月十九日に美濃・尾張・三河の信徒有志者が発表したのが、史料（1）の「寺務改革趣意書」であった。美濃・尾張・三河は、大谷派の法義の盛んな地域であり、一八八七年中に両堂建築に際しても次のように多数が労働奉仕に従事していた。

○本願寺建築手伝人　真宗大谷派本願寺の両堂建築に付き昨二十年中各地より手伝に登りし人員は左の如し尾張五千百十八人、越中四千七百二十一人、近江五千二十一人、加賀六千四百三十七人、伊勢千九百九十一人、美濃三千二百二十五人、越後千六百十八人、越前千百三十六人、能登五百四十三人、播磨七百三人、羽後五百二十八人、三丹州百四十六人、九州地方千八百六十二人此の総計三万三千四十一人なり[5]

この統計の尾張の人数には三河の人数も含まれているものと考えられるが、美濃と合算すると、八三四三人となり、全体の四分の一にも達する。史料（1）のなかにも、相続講に関わって死を選んだ美濃の寡婦のことが記されている。強引な募財活動に不満が蓄積していたようであり、大谷派を支える美尾三地方の信者が結束して寺務改革趣意書を発表した影響は大きなものがあったと考えられる。

（2）尾州得明会と改革運動の拡大

史料（1）は筆者が古書店で購入したものである。史料末尾の記載によれば、発行所の愛国新報社の住所は岐阜市上竹町とあるが、『愛国新報』という雑誌のことは不明である。発行兼印刷人に土屋専次郎、編輯人に山本為治の氏名が記されているが、これらの人物の経歴等も不明である。しかし、趣意書の文面から、改革運動の中心人物が龍華空音であったことが知れる。龍華空音は、尾張国海西郡早尾村（現在の愛知県愛西市早尾町）常徳寺住職であり、清澤満之に僧侶になることを勧めた人物として知られている。

一八九一（明治二十四）年に入ると、改革運動は新たな展開を迎えたようである。史料（2）の『明教新誌』の記事では、大物の愛知県会議員が運動に参加し、上洛して本山へ意見陳述に及んだことが記されている。さらに史料（3）の『欧米之仏教』には、尾州得明会が中心となって京都に改革派の出張所を開設し、尾張・三河・近江・伊勢のほか、北陸地方・九州地方の有志とも連携し、同年九月に全国改革有志者の大会議を開催することが告知されている。

ちなみに、『欧米之仏教』は、文字通り欧米人の仏教に関する論説を翻訳・紹介する雑誌として、一八八九年十月に朝陽館から発行された。編集の中心となったのは佐野正道である。佐野は、大阪府摂津国西成郡勝間村（現在の大阪市西成区玉出西）の大谷派長源寺に同寺住職藤枝正雲の次男として生まれ、佐野家の養子となった。数冊の翻訳書を手掛けており、英語に堪能であったようである。一八八五年頃には大阪で僧徒英学校という学校を開いていたようである。また大内青巒や南條文雄らと交わり、出版事業を通じて護法活動に従事していた。平井金三とともにオルコットの招聘事業にも関わっている。現時点で『欧米之仏教』は、第一編（一八八九年十月）、第二編（一八九〇年三月）、第五編（一八九一年七月）、第六編（一八九一年八月）の存在しか確認できていない。第一・二編には神智学協会関係を中心とする欧米人の論説の翻訳が中心に掲載されているのに対し、第五・六編では、大谷派改革派の得明会の関係記事が誌面のかなりの比重を占めるようになった。佐野自身が改革運動の中心的役割を果たすようになったためと考えられる。[6]

史料（4）の『欧米之仏教』第六編でも、改革運動が盛り上がりつつあることが報告されている。八月二十四日に愛知県津島町（現在の津島市）で開かれた得明会の演説会には二千名を超える聴衆が集まり、愛知県会議員と佐野正道らが熱弁をふるい、二十五・二十六日の名古屋での演説会にも一千名を超える聴衆を迎え、弁士として龍華空音も参加した。

（3）改革運動のその後

一八九一（明治二十四）年十月に、改革派は三井銀行や松方正義を訪ねて面会を求めたが果たせず、募財活動の不正を訴える書面を差し出した。[7] こうした改革派の活発な運動に対し、宗務当局が龍華空音や佐野正道らに処分を下したことが、史料（5）に報じられている。この処分に加えて、同年十月二十八日に改革派の本拠地を襲った濃尾大地震は、一時的に改革運動を弱体化させることとなったようである。

しかし、一八九三年に入ると、運動は再び活発化の様相を呈し始めたようである。香川県・北陸地方に興隆仏法会という改革派の団体が組織され、役僧の不正を攻撃する檄文を配布した。このため渥美契縁が、同年五月頃にその鎮撫のため同地を巡回している[8]。七月には、宗務当局が改革派団体である播州龍野同盟会の僧籍を剥奪したことに激昂した龍野二十六ヶ寺の僧俗が、撤回を求めて本山に押し寄せた。同じ頃、播磨・讃岐・近江・美濃・三河・尾張・信濃・越中・加賀等の改革派諸団体は大連合する交渉を進めていた[9]。八月には、京都市内の寺院住職六名を住職差解などの処分に付されている[10]。しかし、翌九四年の日清戦争の開戦、さらに一八九五年四月の両堂の落慶法要などで、その運動は一時停滞を余儀なくされたと考えられる。こうした紆余曲折を経て、一八九五年七月の寺務改革建白書の提出により本格的な教団改革運動が開始した。

一八九〇年代前半の大谷派の改革運動に関しては、現時点では断片的な史料しか見出せず、その全貌を把握することは困難である。またのちの清澤満之らの改革運動との関係性も不明な点が多い。ここでは、その一端を紹介することしかできなかった。今後の研究の進展に期待したい。

註

（1）この点はすでに第一部で論じた。
（2）柏原祐泉編『維新期の真宗』（真宗史料集成 第一一巻）所収「解説」（同朋舎出版、一九八三年）。
（3）これに関しては、谷川穣「北垣府政期の東本願寺――本山・政府要人・三井銀行の関係を中心に――」（丸山宏ほか編『近代京都研究』〈思文閣出版、二〇〇八年〉）に詳しく論じられている。
（4）「役僧と講員の軋轢」（一八八八年六月十九日付『東雲新聞』）、「本願寺の困難」（一八八八年九月二十九日付『東雲新聞』）。

（5）一八八八年四月二十四日付『明教新誌』。
（6）佐野正道および『欧米之仏教』に関しては、中西直樹「仏教英書刊行の濫觴――オルコット『仏教問答』の刊行とその影響――」（中西直樹・那須英勝・嵩満也編著『仏教英書伝道のあけぼの』〈法藏館、二〇一八年〉）を参照。
（7）「本願寺改革派と松方伯」（一八九一年十月二十六日付『明教新誌』）。
（8）「大谷派の改革党」（一八九三年五月十月付『京都新報』）。
（9）「大谷派改革党大派本山に迫る」「大谷派本願寺改革寺務所」（一八九三年七月十一日付『京都新報』）。
（10）「大谷派本山党」（一八九三年八月二十四日付『明教新誌』）。

第三部　史料

（1）大谷派本願寺事務改革趣意書（『愛国新報』第八十六号附録広告）

近来我本山当局者が不当の所置多く為に　法主殿の名誉にも関する事続々紛出す但に　法主殿御一人の名誉のみならず一宗の盛衰興亡に関する事鮮少ならさるものあり空音　法主殿の為　一宗の為め傍観黙止するに忍ひす此を以て僭越を顧みす広く当局者が所置の不当を鳴らし以て本山の事務を改革し更に進みて本宗の興隆を計らんと欲し之れを本山の執事渥美師に建言す然るに一指眼を蔽へは泰山を観ること能はす渥美師は空音が言を容れて本山の改革を断行せらるへきを識ると雖も或は其中間に在るもの之を蔭蔽して以て空音の丹誠を達せさることを恐る此を以て渥美師に建言すると同時に博く我か信徒諸君に告白し以て理非を衆心の判断に委せんとす希くは信徒諸君屏気虚心看覧を玉ひ以て事理の在る所を原ね我か微意を賛助あらは幸甚ならん

明治廿三年九月卅日本山より空音を招喚ある由り出頭して面のあたり当局者と論弁に及ひ尚帰国の上不腹の件々詳細答書可差出を約し依て左の件々を委細に陳述書を送せり、去る明治十一年参河占部改悔文講弁を著述せり同十三年夏右講弁に付て宗徒の間に安心筋の議論起り遂に同十一年空音西上本山に出頭して右改悔文論弁は我宗意に背戻するものなるを以て本山当局者と議し右著書を絶版して依用すへからさる旨配紙を以て宗徒一同へ報告すへき事を約して帰国したり此際空音より右改悔文講弁施版の義に付本山へ宛て提出せし書面に対し本山に於ては「願の趣教育課の校閲を経ざる書籍に付既に絶版申付置候条更に依用致す間敷旨配紙を以て一般へ報告可致事」との指令を下たるを以て之を考るも亦た既に本山に於て右改悔文講弁中に記載する処の安心の不正にして且つ該書の記事は我宗意に背戻することあるを見認るを知るべきのみ然るに当局者に於て前約を履ます配紙を発せす反て改悔文著者を以て三等学師より進めて二等学師となしたり

空音其不当を怪しみ本山に向て賞罰転倒の処分は何事そと数度書面を以て其理由を質問すと雖も何等の回答を得すして止みぬ此れ豈甚た怪しむべき事にあらすや又同十四年三月同人は前改悔文を添刪し之を略解と名つけ更に出版して教育科の蔵版とせり空音猶其正鵠を得さるを認め之を上申せしに当局者にも其不正を認めて終に該改悔文略解を絶版となせり、前述他人の昇進を嫉み自己の免黜を怨むか如きは空音の敢て潔しと為さゝる所なれとも我宗意に背戻する不正の書を著述し衆人を誑惑せし者は宗規に於て厳に之を罰せさるへからさるものとす啻に罰を加へさるのみならす随て転進し近年に至り一等学師補の重任に居せり噫此れ何事そや思ふに因人重法なるが故に其人其任に適せさるも其地位を高ふして重く之を用ゆるの意に出つる歟否やは未た知るへからされとも已に宗旨に背戻する書籍を著述し衆人を誑惑すと当局者に於ても之れを認むる者を要路に登用し且つ後進を教育せしむるか如きは其何の意たるを知らさるなり

或は曰く明治十五年夏聞調べありて某は已に改心せりと是れ甚た非なり何となれは明治廿年夏都講にて異議を骨張して所化衆より大に議論を招きしことあれはなり又同年秋尾張国名古屋別院に於て嗣講細川氏は当面り空音に謂て曰く彼れは頓成の門人にして生涯本筋へ出つる事能はさるものなりと此に由て之を見るも某の決して正義者にあらさるを知るに足るへきなり、抑も安心は一宗の基礎なり宗制寺法は由つて以て一宗の基礎を鞏固にする所以なり噫

正法未だ滅せす異論何そ其毒を逞ふする事を得ん蓮如上人は曾て曰はすや異安心のものをきりきざみても飽くかよ々々々と某の如き豈異安心の者にあらすや
今試に某の行為を我宗制寺法に照合するに宗制第廿条及寺法第八十九条第一項に該当するものとす何となれば宗制第廿条には宗意安心の正否を判するは法主即ち伝灯の師主に限る若し異安心を骨張し師教に背反する者あれば宗門の外に擯斥すとあり又寺法第八十九条第一項には異安心を骨張し又は我意を募り法主の教諭を奉せさる者あり然らば即ち占部某の行為は此両条に背犯する大罪人にして此の如き大罪人を厳重に処分懲罰するにあらずんば一宗寺法は何を以て能く其れ活動することを得んや然り而して某も僥倖なる賞有て罰なし近年本山発行の報告を見るに全国我宗の僧侶中不幸なる者は僅々細行に依て処罰を受け之を全国に報告せられ而て異安心の大罪を犯すものを罰せさるのみならす反て之を登用し進級せしむ賞罰の転倒此に至て極まれりと謂ふへし若し夫れ蓮如上人と大寂定中より喚び起して之を知らしめは将た之を何とか曰はん
近来本山の努蔵愈々空しくして財政愈々困弊を告く我門徒の多き事他宗に超越し其信施の財年々幾百万円と言ふを知らす然り而て内に困弊を極め外に羞辱を招く所以のものは局に当るもの事を処する正しからす財政其当を得ず動もすれは無要の土木を起し信財を徒消し果断の処致至らさる所なけれはなり今を距ること十余年前京都本願寺園内の池水へ鴨川の活水を導かんと欲して土工を起し役夫を督して数十日間事に従ひしも水遂に至らす数万円の費は空しく徒消に属したり按するに我法主殿の聡明斯る不急の土工に迷溺したまふものにあらす畢竟之を補佐する所の当局者が大胆法主殿の慧眼を蔭蔽し事此に至りしに非さるなきを得んや
六七年前に在り東京に某なる者ありて富士山の麓に於て多く大材を出す之れを採れは大利は得へしと称し本山より巨万円の金を下げたりしに大材は得ずして巨万円の金は五名の姦徒之を分取したりと云ふ又近江国坂田郡夫馬村献

木の事に付き三那三某三浦某の両人が解すべからさる所行をなせしは衆人の普く見て悉く知る所なり此れ豈本山の当局者が常に驕奢に耽り唯だ私利を計るに汲々たるの極、事茲に出つると将た本山財政の規律未だ十分に相整ざるものあるとに由りて然るを致すものにあらずや

財政困難を告げしより局に当るもの真実に之が救治策を講せす即ち用を節して以て瘡痍を治する事を思はす益々一身の驕奢を事とし虚受信施の罪を畏れざるなり五年前本山の負債を償却せんか為相続講なるものを施置し使僧を四方に馳せて大金を募集す其人を勧むる語に曰く古へ堅田の源右エ門は命を捨て師恩を報せり金と命と孰れか重きや命且づ惜まさるものあり金何ぞ惜むに足らんや今や善知識、負債に窘められたもふ苟も師恩を報せんと欲する者金を捨て救ひまゐらせさるへけんやと巧言佞語を以て聡明なる善知識の名に托し忠直なる源右エ門の例を引き以て門徒の信施を勧誘せり而て已れは敢て堅田の源右エ門の例に倣はす善知識の窮を傍看し益々奢侈を極む此れ豈専横不忠の業にあらすや

相続講を設置せしは本山の負債を救はれんか為なり然り而て同講設置已来曾て救治の効を見す本山の困弊益々甚たしく事務を執る者遂に不正の策を施し門徒をして困難に陥ゐらしめたること枚挙に遑あらす財政困難に際し人を以て力らの及ぶ限り金員借入れ其償却の道なきより元利三ヶ年間据置く事とし之を貸主に報し昨明治廿二年一月に至り貸主を召喚して曰く本山へ貸金は今より又三ヶ年据置きとなれり然かも三ヶ年の後と雖も果して返済になるや否は保証する所にあらす但借金額を半額に減せは直ちに償却あるへしと百方勧説したり当初周旋人の甘言以て説て曰く他人に貸与するの金は損害の畏れなきにあらされとも本山に於ては元利共損害の虞あることなし云云と朴質なる門徒は此語を信し且つ本山の為とて金を出したるに周旋人の説く所は一時の欄数にして已に三ヶ年据置くが上忽ち又半減の説を聞き金主は失望落胆せさるは莫し

特に愍然を極めたるは美濃国羽栗郡柳津村の寡婦水野こと女なりこと女は女性の身にて周旋人の甘言に欺妄せられ身体惟れ谷まるに至て自ら縊死するに至れり当時知ると（ママ）らさると涕を垂れて其不幸を悲まさる者莫かりき噫已に金を借て返さす又人をして死に至らしむ仏祖の慈眼之れを見給へは其れ之れを何とか曰はん蓮如上人一日廊下に紙片の落ちたるを拾ひ恭しく戴きて此を仏祖の賜なりと云ひて蔵め給ひしことは御一代記聞書に見へ此勝躅は其遵流を汲む後世末弟輩の宜しく奉戴して以て箴鑑とすへきことなり然り而て本山に在て事を執る者之れを察せす身、奢奢に耽けり仏祖の賜、即、門徒の信施を見ること猶、土壌のことし已に自ら困弊を致すのみならす又上は本山の窘窮を致し下は信徒の信用を失し遂に信徒をして本山は無体の業をなせりと怨望する者多きに至らしむる噫彼等は独蓮如上人の罪人のみならす抑も仏祖の罪人ならん歟

夫れ人信なくんは立たす況や身衆俗を導化する職に在る者に於てをや小国の主人諸侯の言を聴かすして匹夫の一言を信するものは其人然諾を重すれはなり尾張国名古屋普通学校は実に本宗隆興基礎の一部分なり其隆替は即本宗に取りては幾分か興敗の関する所なるべきは亦た論を俟たす故に之れか整理法は最も意を洗かさるへからさるなり然り而て其事を執るもの信なく之れを維持するの道其当を得す昨、令する所今、之れを改め信を管下の寺院に失し其敗頽将に近きにあらんとす而て諸人の之を憂へさるか如きもの決して中心之れを憂へさるにあらす但事を執る者の信なきと整理其法を得さるとを以てなり若夫れ本山に於る諸々悪弊を改革せは学校の資金必す出て学校の隆盛必す期すへし

已上述ふる所は空音一人の私言にあらすして十数年来本山の歴史に顕はれ他の宗徒に至るまで普く聞知する所なり若夫れ今日に於て早く其宿弊を革め改進の路を開くに非すんは本山の興敗未た知るへからさるなり哀痛の詔り将さに傾かんとする漢祚を回復し奉天の詔、驕将悍卒も亦涕泣して其非を悟る我朝、仁徳天皇租税を免して子来の民、

日ならす霊台を成就せり我か本山にして財政を整理し其困弊を脱れんと欲せは亦但、既往の弊制を改め法主殿自ら既往の非を悔ひ以て門徒に謝し給はんのみ夫れ一帝二主の施し給ふ所只纔かに現在の功徳に止まり而て其人民を感せしむる影響の如きあり況や我か法主殿の職とし給ふ所、独り現世に止まらす未来永久救済の慈悲を施し給ふに於てをや今や本山の危急眼前に迫れり

空音之れを傍看坐視するに忍ひす此を以て敢て僭越を顧みす讜直の言を献す近頃聞く説を為す者空音か屢々不敬の言を以て本山を冒すと若し直言讜論を目して不敬と為さは巧言媚説以て上下を惑乱する者之れを何と乎謂はん噫洋教日々外を窺ひ内教互に鬩ぎ真に我国宗教世界一段困厄の秋なるに拘らず我門徒たる者恬澌に安んし之れが防衛の策を講せさるのみならす奢侈を極め信施の財を妄費し益々門徒の信用を失し法主殿の汚名を世間に流布し一山の衰微を招くのみならす殆んど日本帝国宗教の衰頽を招致せんとするに至る畏れて懼れさるへけんや

空音は師か深識能く是非を弁明し玉ふを知る此を以て自ら其身を忘れ敢て讜直の言を献して以て腹心を布き師か看覧を煩はさんとす幸はくは閲覧の労を辞せす真宗本山の為め日本宗教の為め之れを垂察し速に賢断あらは啻に空音一人の福のみならさる也

尾張国海西郡早尾村
常徳寺住職
龍　華　空　音

明治二十三年十月十六日

前項龍華空音和上の述べらる処は近来本山の歴史にして世人の已に知る所なるを以て復我々か喋々絮説するを要せす但和上か言ふに忍ひさる所にして忍で以て広く地方門徒衆に一言せらるゝ所以のものは本山当局者が賞罰其当を

得さるもの是なり

抑も和上は口過を以て罰を本山に得しは自ら服せさる所なりと雖敢て之れを争ひ玉はさりしは僧侶忍辱の身を顧みらるれはなり然れとも一歩を進みて之を考ふれは信賞必罰は人を勧むる所以にして決して之を惚にすへからさるものなり抑も和上か九月三十日本山に呈したる答書の如き誠実熱心に発し冀くは之れを以て当局者の惑を回すに足らん其誠実の意溢れて知らす識らす言過激に渉りしものあらん而て和上が地方門徒に対して右の答書を読聞せ玉ひたるが如き苟も門徒たるもの今日本山の危急を黙視すへきにあらす希くは力を協せ心を一にし以て当局者に忠告し目下の急を救はんと将欲する丹誠に外ならさるなり然らは則ち和上が言はるゝ所或は激に過くるも其情を原諒し罰を軽きに従て処せらるべきは当然の事なりとす

然を和上は本山を誹譏すと云ふを以て停班三年に処せられ尚ほ十一月廿日住職差免の処分に遇はる是豈当を得たりと謂べけんや一等学師補占部某の如きは異安心の者にして特に衆人の排する所なるにも拘はらす賞有て罰なく地方門徒をして咊焉本山の処置に不当を鳴らさしむ此当局者が宗制寺法を蔑し信徒の不信を招き本山の衰頽を馴致する所以のものなり然り而て之れを不問に措くは何ぞや宗制寺法は則るに足らさるか門徒の信用収むるに足らさるか抑本山の興敗顧るに足らさる歟実に咄々怪事と謂ふべきなり我々は此咄々怪事を視ると共に本山の宿弊を改革し以て本宗隆興を図らんと欲するの必要を感せり而して地方信徒の与望も亦た多くは我々と其同感なるものゝ如し

嗚呼、時なる哉、時、本山の宿弊を改革するの時既に来れり我々は今日に措て将た何れの日にか本宗の隆興を図るを得んや然るに本山の当局者も龍華和上を処罰せしことは其自ら心に安んせさる処あると又之より延て地方信徒の団結して当局者の反対に立たんことを恐れたるにや殊に本山の会計部より地方信徒戸毎に左の通知書を蒟蒻版に摺立て之を箇別封書にして贈りたり

尾張国海西郡早尾村
常徳寺住職
龍　華　空　音

右の者儀寺法違犯の廉有之本月六日別紙の通処分相成候間右期限中は招待すべからざるは勿論縦令如何様の義申触し候共決して随逐無之様各自に注意の上最寄同行衆中へ右の趣通知相成不都合無之様可被致此段申進候也

本　山
会　計　部

明治廿三年十月十九日

夫れ堂々たる我本山当局者に是て常に公明正大の事を為し毫も其心に疾ましき処なくんば何ぞ故さらに斯る通知書を地方信徒戸毎に向つて之を贈るに及ばんや況や之を蒟蒻版に摺立つる狼狽の醜状を他に示すをや又況や住職進退の通知書を由縁もなき本山会計部より之を発するをや亦以て本山当局者の其心に疾ましき処あると且つ本山財政の紊乱せしものあることの多きとを察するに足れりとす思ふて茲に至れは我々は本山の宿弊を改革することの益々必要なるを見認む希くは我門徒諸君今日本山の急を度外に措かず協心戮力本山の宿弊を改革せられ益々本宗の隆興を図られんこと我々は希望至切の至に任へす

濃尾三江国大谷派信徒
本山改革有志者

（2）真宗大谷派の改革党の旨趣（明治二十四年二月二十日付『明教新誌』）

愛知県三尾両国に於て真宗大谷派の改革党の起りしことは二三の新聞に散見せしが是は愛知県会議員中剛直の聞へ高き常置委員太田善四郎、伊藤春太郎の両氏及び春田祐清外数名の人々が過日来西上して中珠数屋町河六方に滞在し日々同派事務所に至て事務改革すべき意見を縷述し居る由にてその主意は自身等法主台下の御教化を蒙りその慈恩に飽くこと久しその恩海嶽も啻のみならず然るにその布教感化の淵源たる本山にして鞏固ならざれば何ぞ末流の信徒をして信海に游泳することを得んや因て今吾々は本山の基礎を鞏固にして法主台下の慈恩に報答するにありてその条項は左の如し

●第一僧侶は布教伝道を専務として会計、営繕等の用度に関係せざる事

●第二買上品等は一切公の入札方法に由る事但し入札に依り難きものは之を除く

●第三本山職員は諸国僧俗中にて至当の人を公撰し半年乃至一年間在京事務に従はしむその俸給は公撰したる諸国に於て便宜額を定めて之を給与す

●第四毎年一回全国信徒より成る本山集会なるもの開設し年度の予算を決議し及び前年度の決算を認定して之を全国に報告する事

●第五本山現在の負債は本山集会にて消還の方法を議定する事

●第六現金は在来の如く銀行をして之を取扱はしめ何人と雖も現金を授受せざる事等なりといへり

（3）『欧米之仏教』第五編〈抄録〉（明治二十四年七月二十九日発行）

○大谷派本願寺門末有志諸氏に告ぐ

本年九月十五日を期し当市に於て全国各地大谷派本願寺改革有志者の大会議開設可致候得者苟も大谷の清流に沐浴し寺務積年の弊悪を匡正し今後百年の大計を確立し以て本廟の安泰を希図するの有志は区々の細事に躊躇せず奮然蹶起御来会あらんこと切望の至りに堪ゑず

但し御上京御来会の諸君は予め来る八月卅日迄に本会へ御通知下されたし尤も会場は御上京の上本会より御宿所へ向け町名番地御報申上べし

京都市下京区鷲尾町廿六番戸

得明会出張所委員

明治廿四年七月

大谷派本願寺改革有志者大会議

嗚呼吾が大谷派本山が已に哀しくも今日の惨状に陥りたる所以のもの豈に偶然ならんや必ずや之れが原因の存せずんば非らず何おか原因とす則ち役員専横の暴戻是れなり而して之れが釐正救済の法とは唯た広く門末の総会を開設するに外なし吾人は已に本誌第四編の誌上に之を痛論せり

夫れ大厦の崩るゝ豈に一木の能く之を支ふる所ろならんや然らは則ち本山は早く総会を開き以て之を門末に図り今日の危急を救済し百年の大計を樹立せざる可らず今や全邦各地門末は其之を要求する切なり然るに独り怪む本山寺

務当路者は徒に之を拒絶するのみならず或は種々の拙策を案出し此等請願有志者を擯斥し以て其人の名誉を毀けんことを勧めり豈に咄々怪事にあらずや

抑も本山寺務当路者が今日に尚ほ此等怪事に汲々する所以は則ち他なし本山に於て多年施行し来りたる政略なるものは唯た陽に法主台下の威令を乱用し抑圧と謀略を以て門末の紅血を絞り陰に利己愛私の欲望を満足せしめんと欲するに外ならざればなり嗚呼大谷派清流の諸兄よ諸兄は本山寺務の紊乱其れ斯くの如きも尚ほ且つ之を黙視し得べき乎吾人が崇戴する大師歴世大谷墳廟の隆替に留意なき奴輩は措て問はざるも苟も仏祖の末弟を以て自ら任するものは区々の細事に拘せず奮起努力自ら寝食を忘れ事に斯に尽さゞる可らず此故にこそ吾人が親愛なる各地改革有志は本年九月十五日を卜し京都に於て大会議を開き以て議会開設の請願を謀り今後百年の大計を確立せんとす豈に宗門の為め一大怪事ならずや

夫れ古より大事を起し大業を立つるや如何なる英邁卓抜の士と雖とも到底少数人の之れが企望を達する能はざる所ろにして必ずや多数同感の志士之れが結合一致を要すべきなり然らは則ち今や本山役員専横の暴戻已に極まつて本廟の大事未た知るべからざれば苟も大谷の清流に沐浴する有志は此の時に当り奮然蹶起宜しく仏祖山海の洪恩に報ゆるの覚悟を極め茲に忠誠なる改革有志者が開設する大会に参集し満腔の熱血を灑ぎ以て万分の一の報恩を尽し他日噬臍の悔ひなからんこと希望に堪えざるなり

（時事）大谷派本願寺改革有志者の大運動

大谷派本願寺に於ては嘗て全国各地有為忠誠の士が同山改革に鞅掌奔走なしおれたりしが今や機運の熟したるものと見え尾、参、江、勢の四ヶ国は勿論其他北陸及九州地方にも該有志者の奮起し相互連合の法略ぼ行はれたるにより愈よ四通五達以て一大活動を試みしものとし本年九月十五日を期し尾州得明会員の主唱にて当市に全国改革有志者の大会議を開設せる由なれば苟も同山の清流に沐浴し護法扶宗を以て任ずる有志は区々の細事に躊躇せず奮然蹶起上京来会し満腔の熱血を灑ぎ同年積年の俗臭を洗滌し明治活世界の仏徒たるに恥づなきの運動こそ望ましけれ

（4）『欧米之仏教』第六編〈抄録〉（明治二十四年八月三十日発行）

○大谷派改革有志大会議

予て本年九月十五日当市に於て同会開設可致旨広告致置候実に本山寺務改革の時運は已に今日に到来致候ものと相見え各国各地より続々同盟来会の旨報道し来られ候得者本山寺務改革有志者にして未た本会え向け何等の御通知なき諸君は速に上京御来会の御都合被成下前以て一片の御報道奉希候

御来会の有志諸君は御着京直に本会ゑ御通知被下度付ては本会より速に会場の町名番地御通知可申上候

京都市下京区鷲尾町廿六番戸

得明会出張所委員

明治廿四年八月三十日

○大谷派本山寺務改革は最早や社会の輿論となる

嗚呼社会輿論の大勢は実に驚くべく畏るべき無限の作用を詮表するものにして其力の強大なる設令王公の貴きを以てするも肯て能く之を抑制圧服する能はざるものなり然れとも社会の未た発達せざる闇愚無智の蛮界に於ては万般の要務は皆な有司の独擅に出で其勢の勇猛にして肯て猥りに之れに当る可らざると及び人民の事理を判明する智識

に乏しく為めに之れが攻究活動をなすの利器を欠くとを以て設令如何なる弊悪の生じ暴戻の存するあるも其之れが輿論を喚起し以て糺合矯正をなすは肯て容易に非らざるも人智開発し学術進達の開明世界に至りては人各々政治にまれ宗教にまれ苟も其弊害の生じ其悪習の存するあらば或は言論に出版に侃々之を論じ諤々之を弁し自ら社会輿論の傾向する所を表明するに肯て其難を見ざるを以て事の大小を問はず物の細麁を論せず皆な悉く輿論の向背に依て決せざるもの稀なり故に若し社会上此の輿論に悖戻する所のものあらん乎設令王公の貴きも秦曹の富あるも到底之が輿論を抑圧する能はざるものなり嗚呼輿論の功も亦た大なりと謂ふべし

今や吾が大谷派本山寺務積年の弊悪役員専横の暴戻は已に其極端に達し本廟将来の危頽未た知る可らざるの境遇に接したるを以て全国各地数百万の門葉は之れが改革の急務にして之を忽緒に附すべからざるものなるを認識するに至れり左れはにや尾州得明会の一たび之れか改革を唱道し吾人之を本誌第四編以下に於て之を痛論するや未た幾何ならすして全国各地有志者は恰も影の形に従ひ響の声に応するが如く其連合の速かにして其運動の壮なる汽車も尚ほ若かず電信も尚ほ及ばず已に越中、加賀、越前、参河、美濃、近江、伊勢、播磨、摂津、和泉、肥前、肥後、筑後等各地有志は各々満腔の熱血を灑ぎ共に相活動せんことを申込むの盛運に達し今や本山寺務改革は最早や社会の輿論となりぬ

抑も今日吾が大谷派本山寺務改革の一たび之を唱ふるや衆皆な此れに応じ幾多の日時未た経過せざるに忽ち殆んど全国門葉有志の輿論となりたる所以のもの他なし吾が本山寺務の弊悪役員専横の暴戻は実に吾人が之を名状するに堪えざるまでの惨状に陥りたるを以て如何に温厚にして且つ沈着なる門葉と雖とも已に今日は之を坐視黙過するに忍びざるに至ればなり則ち敢て尾州得明会の之を唱道し肆に之れが輿論を作為したるものに非ずして時勢の趨く所ろ自ら之を唱道せしめたるものと云はざる可らず故にこそ今日於て独り門末有志の之を論議するに止まらず局外有

識なる居士社会尚ほ之れか成功の速かならんことを希望するに至れり然らは則ち如何に吾が本山寺務役員の暴戻も已に今日に於ては到底之を抑圧する能はざるならん何となれは輿論は自然の大勢にして門末数百万の精神なればなり而して吾人が此の輿論の功用を表はし全国門葉の熱血を灑ぎ出すの時は果して何れの時ぞ則ち今回吾人大谷派忠誠の徒が当市に開設する来る九月十五日の大会是れなり嗚呼時なる哉時、時失ふ可からず本山改革の時や此の時に非ずして将た孰れの時をか俟たん来れよや全国の有志、会せよや各地の門葉

（時事）大谷派改革党の要領

同派改革党の要領とする所ろは本誌広告欄内にも掲載せし如く（第一）本山寺務独断専制の弊風を打破し広く全国末寺信徒の総会議を開き以て輿論に決すべきこと（第二）財務の紊乱を矯正し会計上収支を明にすべきこと（第三）従来寺務積年の弊習を一洗し華美冗贅の悪風を除去すること（第四）興学の方針を確定し大学寮の独立を計るべきこと（第五）布教上の積弊を洗滌し将来の振起を図るべきことの五ヶ条にて之れが細目等は九月十五日の大会迄に編制し有志会に提出する筈の由吾人は此等要領を一看して実に今回改革党運動の公明正大なる方針に賛成を表せざるを得ざるなり

（時事）大谷派改革党の勢力

大谷派改革論の今日已に社会の輿論とまでなりたることは本誌館説欄内に概ね之を論談し置けり則ち十有余ヶ国の有志は已に地方の団結を謀り九月十五日の大会に列席の申込みをせらるゝ中にも組長の名義を以て一郡若くは数郡の代表者として来会の通知をなさるゝの勇者の奮起するあり亦た仏教諸雑誌の切に之れが理非を痛論するのみなら

ず東京諸大新聞記者各々之が記事を登載するに孜々として尚ほ社説に之を論議す改革党の運動最早や社会の輿論となり時事の問題となるに至る熾んなりと謂ふべし

（時事）得明会員の改革演説

本月廿四日午後一時より愛知県津島町寿美喜座に於て同地得明会員の催しにて大谷派改革上の大演説会を開筵せられたるにより本館主幹佐野正道も会主の聘に応し出演したりしが実に近未曾有の盛会にて定尅に至らざるに参聴人に已に場に満ち無慮二千名の多きに達し実に立錐所ではなくして立針の地だになき迄に充満し入場する能はずして空しく帰りたるもの殆んど一千人余もあらんかと思はれたり

さて当日の弁士は横田惣次郎君遠島皆成君春田祐清君伊藤春太郎君（県会常置委員）及ひ佐野正道にて各々満腔の熱血を灑ぎ本山寺務改正の急務を痛論したるを以て拍手喝采耳将に聾ならんとするの盛挙にて中には弁士の誠意熱心に感動の余り知らず識らず珠数を掛け弁士を拝したるの信仰家もあり宗教の実力は実に斯ゝに存するものなるかと思へは弁士も亦た知らず識らず感涙に咽びたり斯く数千の聴衆各々歯を切し腕を扼し本山寺務改革の急務なるを渇望し居る所え前々日より当町に孰れの無頼漢かは知らざれとも二三名の饒舌者来り人身攻撃の一本鎗にて改革有志者を毀けんものと或民衆にて非改革の小言を吐き衆人に嘲笑せられたるも尚ほ圧き足らずや当日会場に乱入し質問とか討論とか無闇に饒舌を逞ふし演説を妨害せんとせしも何かでか改革には鉄石金剛の聴衆を瞞着するを得んや遂には満場の許さぬ所となり自暴自棄したるこそ笑止千万なれ

此等の妨害者の為め改革者には一層の熱度を高めたるも御気の毒なる事には此等妨害者は皆本山寺務役員の卑劣手段により按出したるものなりとの衆評にて実に本山寺務当局者の不名誉は益々地に墜るに至れり而して午後六時頃

散会直に芳心亭に於て懇親会を開き同地方屈指の名望家、財産家、熱心家等百余名列席し壮快なる席上演説もあり次で将来運動の方針、上京委員の撰定、運動費の協議等をなし善知識万歳本山万歳得明会万歳を三唱して午後十時頃微恙もなく各々吾家え立帰る
同月廿五日は是れ亦た午後一時より一の宮町真盛座に於て開会し弁士は遠島皆成、横田惣次郎、春田祐清、龍華空音等の諸氏及び佐野正道にて聴衆は無慮八百名にて満場立錐の地なく最と盛会なりしが此日亦た前日津島開会の際妨害せし無頼漢の来り満場聴衆の激動を招き反つて改革者に勢力を与え午後六時半閉会直に二葉亭に於て改革有志者の懇親会を開き五十余名の参席あり席上勇壮なる席上演説あり次で運動の方針、上京委員の撰定、運動費の協議等をなし午後十時無事散会なり
廿五廿六両日は午後七時より名古屋宝生座に於て開会弁士遠島皆成君、龍華空音師及び佐野正道等にて両夜とも聴衆は無慮千余名にて頗る盛会にてありし

（時事）大谷派本山寺務員と東洋新報

従来本山寺務当路者のなし来りたる事柄は総て秘密にして吾人否な数百万の末寺信徒の更に了解に苦む所ろなるが今回も亦吾人の一円合点の参らぬ事こそ起れり何ぞや則ち近頃東洋新報誌上に於ては猥りに本山の出来事に同意を表し加ふるに特に隔日には附録を添え本山の録事を登載し又た何故にや同山改革党を毀つけ根も葉もなき事を書き立て無暗矢鱈に誹議讒謗をせらるゝは実に吾人の了解に苦む所ろなり尚又た頃日或伝聞によれは該社隔日の附録を毎日とし凡そ二万枚余を本山に買受け広く末寺信徒に配布する事になす由尚ほ更ら合点の参らぬ事共なり本山寺務当局者にして斯くまで奇計を施さねばならぬ程の御心配ならは何故広く門末に諮詢し明白に事を処理するの公議に

出でざるや

（寄書）大谷派総会議開設を賛成し併せて得明会の設立を祝す　羽前　五柳小史

昭々たる鏡面も緩惰懈怠なるもの、手にあらは塵埃積りて終に其光を失ひ蒼々たる草木も奮て其害物を駆除し培養するに非れは焉そ鮮明なる美花を見ることを得んや夫れ吾大谷派の現況たる盛なりと云ふへきや壮大なりと云ふへきや吾人之を証する能ず彼の大堂屹立雲外に聳へ奇麗壮観を尽せし大師堂の如きも単に外国に対し吾国の美術を示せるのみにして敢て吾真宗の教義に帰順し所謂知恩報徳の志相より起因せしに非んは決して吾大谷派の盛大なる標幟とすることを得さるへし況んや圧制と〇〇との方便を以て門徒の膏血を絞りたる幾分を以て成立せしをや実に仏祖をして声あらしめは悲歎の大音十方世界に響流せんこと明かなり既に鏡面に塵埃付着し早や虫害根茎の半ばを喰めり而して吾か数万の同朋諸君数拾万の門徒信徒奮て之れか害を黜け勧めて之か曇れるを琢磨せんとするものなきは実に吾輩の怪む所なり

爰に貴館発行の新誌を閲せしに血涙居士先生なるあり夙に吾か大谷派の振はさるを憤怒し数行の論文を掲けられしが余や転読一過宛も盲亀の浮木に値遇せし感を発せしめ歓喜踊躍其の止まる処を知らさるに至らしむ殊に尾州に得明会なるを設置し追々遊説者を派出せしめ以て共同を図ると先生よ先生既に在らは吾輩何そ本山の衰頽を患るに足らんや蓋し其衰頽の名称の如き他日得明会の太陽東天に登り吾か全国一般に耀くの時に至らは朝露の如く頓に消滅するに保証すれはなり夫れ醇然たる清水と云へとも久く一器に容れ置くときは終に腐敗臭穢以て孑孑の住居となるや必せり役員寺務を執行するも亦奚そ之れに異らんや吾輩先生の論説を閲するや実に本山否法の為めに歎せさるを得んや彼の相続講金の消費の点と云ひ釈尊墳墓地購求の件と云ひ就中龍華氏の冤罪を蒙りたる所以の如き実に悲憤

慷慨切歯振扼に絶へさるなり抑も如此臭結果を見る抑も何そや先きに所謂事務当路者の所置其宜きを得されはなり此の如く悪弊を矯正せんとするには必すしも議会を開設せさるへからす之れ吾輩の先生の説に深くも賛成する所なり

然るに最も悪むへく且つ憐むへきは吾か山形県下某組内某氏の如きは一旦曩日浄川氏か吾組内否な吾か地方巡回の際は賛成し既に正会員にまて加入せし其墨も未た乾かさるに此頃聞くか如きは今回貴館の新誌第四編を一読するや轟然として忿怒し則ち云ふ奚そ図らん欧米之仏教たる唯是れ得明会の機関雑誌なり何そ見るに足らんや已に本山に反対するものなり速に会員たるを解くに如かずと断然解員せしとか（吾輩は某氏の精神如何を詳知せるものなり氏は其下等人物に対しては慢傲なるも本山役員等に向ては軟弱なるの性なり故に余は思ふ某氏解員せしは当事務其人を恐怖し自己〇長の役を免せられんことを痛みしなるへしと）嗚呼感へるも甚しと云ふへし吾輩苟も大谷の清流に沐浴するものなり今哉其清流変して汚穢臭腐の濁水ならんとす焉そ某氏の如く僅か自か偶〇長の権を得たるに誇り巧言令色以て天保の爺嫗を瞞着し自ら足れりとし本山骨髄の病ひを傍観するの秋ならんや余や此事務改革に熱心なるも其同意者なきを病むや久し

然るに今回此の美挙あり焉そ喜悦せさらんや余輩不肖と雖も吾か大谷の清流をして末代永々盛大ならしめ全国否な五大州の人種をして悉く之れに浴せしむるに至らは縦ひ目今事務当路者其人の機嫌を受け暫時大谷派僧侶たるの権を奪せらるゝも決して患とするに足らんや猶ほ筆を閣くに臨み一言を以てせん云く此改革の点に就き余か意見の次第を他日述ふる所ろあらんとす希くは吾か同朋の諸君よ吾大谷派の盛大を図んと欲せは奮て得明会に加入せよ進んて本館の館員と為れ

○報告

一本会曩に本山寺務改正議会開設請願の挙を発するや時勢の然らしむる所ろ機縁成熟の時なるか四方護法愛山の有志勃興已に今日に於て来る九月十五日に開く当市の大会議に出会申込むの人十有数ヶ国に及び其過半は僧侶信徒の協同団結に出づるの盛況に達し居候に付ては本山寺務当路者は種々の拙計を按じ或は東洋新報を利用し或は無稽の諭達をなし以て門末を瞞着し或は節操なき無頼の徒を使役し吾か改革有志者を誹譏せしむる如き実に悲むべくも亦た憐むべき無謀の反対を試み候吾が至誠真実なる大谷清流の有志は此等不正不義の術中に陥らざることは吾人の保証する所ろに候得共万一此等の詭計に瞞着せられ候時は実に遺憾の至りに付き為念右申上置候

京都市下京区鷲尾町廿六番戸

得明会出張所委員

明治二十四年八月三十日

（5）大谷派本願寺改革党の運動（明治二十四年十一月二日付『明教新誌』）

同党の巨魁龍華空音氏宗制寺に依り奪班に処せられ入海雑誌の発行人平野恵粋氏は停班三年の処分を受け佐野正道氏は依願脱班となりしよりさしもに劇しかりし同党の気焔も全く消滅せしが如く爾来其消息を聞かざりしが同党は決して雲散霧消せしに非ず其後東京に於て松方伯三井銀行等に就き本山改革の必要を説き財務に関する調査をなさんとし事成らずして委員伊藤春太郎雄上了岳の両氏外同志数名は一先づ同地を引払ひ或は京都に来り或は其在籍地へ帰りたるも其本城たる北陸地方に於ては彼の処分以来却て反動を起し意外に勢力を増加したる模様あるより同本山に於ては捨置き難く思ひ執事渥美契縁氏自ら他の法用にかこつけ同地方に出張して改革派の気焔を鎮圧する計画

なりと云ふ

然るに同党は目今の勢に乗じ来る十一月十五日を以て京都に全国大会を開き同時に示威運動を催ふす都合にて之れが準備の為め已でに名古屋地方より玄米数十俵を送り越せし趣なり又右運動会には三河国にて壮士会の牛耳を執る長谷川某其手下十数名を引率して来会する筈なりと京都の日の出新聞に見へたるが是また今度の震災にて幾分かの影響を蒙むることなるべし

あとがき

明治期の大谷派教団の歴史にはかねてより強い関心があり、いずれ論文を書いてみたいと考えていた。龍谷大学に仏教史学を学び、本願寺派僧侶の末籍に身を置く筆者にとって、近代以降の東西両本願寺教団の動向を把握し、かつ両者を比較・検討することは、その歴史的認識や真宗教団のあるべき姿を考える上で、大いに意義あることと考えられた。

しかし、いずれ大谷派と大谷大学の関係者が手がけるであろうと考え、それを待って研究を進めればよいと思っていた。大谷派の教団史研究に参入することに躊躇するものがあったことも否めない。

背中を押してくれたのは、法藏館の戸城三千代編集長であった。大谷派の機関誌『真宗』に連載された水谷寿著の「明治維新以後に於ける大谷派宗政の変遷」のことを話すと、是非とも翻刻したいので、編集作業にかかるようにとの要請を受けた。不十分ながら、さらに数点の史料と解説を付して一書となした次第である。戸城三千代編集長には心よりお礼を申し上げたい。

また、史料の翻刻・編集作業には、法藏館編集部の丸山貴久氏のお手を煩わせた。龍谷学会からは出版助成を交付していただいた。記して感謝を申し上げる次第である。

二〇一八年三月

中西直樹

中西直樹（なかにし　なおき）

1961年生まれ
龍谷大学文学部歴史学科（仏教史学専攻）教授

主な業績
『植民地台湾と日本仏教』（三人社、2016年）
『令知会と明治仏教』（共編、不二出版、2017年）
『近代西本願寺を支えた在家信者―評伝 松田甚左衛門―』（法藏館、2017年）
『仏教英書伝道のあけぼの』（共編、法藏館、2018年）

龍谷叢書44
明治前期の大谷派教団

二〇一八年六月一五日　初版第一刷発行

著　者　中西直樹
発行者　西村明高
発行所　株式会社　法藏館
京都市下京区正面通烏丸東入
郵便番号　六〇〇-八一五三
電話　〇七五-三四三-〇〇三〇（編集）
〇七五-三四三-五六五六（営業）

装幀　高麗隆彦
印刷・製本　中村印刷株式会社

ISBN978-4-8318-5554-1 C3021